WEIN

Das Buch

Wein ist ein Kulturgetränk. Im Wein ist Wahrheit. Egal, ob rot, rosé oder weiß – stets umgibt die Fürstin unter den Getränken eine Aura des Erlesenen, Besonderen. Aber was ist dran an diesem Bild? Höchste Zeit, nachzuforschen. Die drei Autoren haben sich auf den Weg gemacht, ihren Lesern die Welt des Weins zu entschlüsseln. Wiglaf Droste entführt uns in die Literatur und erkundet das pädagogische Potential betrunkener Gallier. Vincent Klink reist für uns an die Loire in Frankreich, nach Sizilien wie auch ins Rheinhessische und verrät uns die erlesensten Rezepte (und wie verführerisch eine Flasche Barolo sein kann ...). Nikolaus Heidelbach schließlich hat zu diesen Texten die herrlichsten hintersinnigen Illustrationen geschaffen.

In unserem Hause sind von Wiglaf Droste, Nikolaus Heidelbach und Vincent Klink bereits erschienen:

Wurst

Weihnachten

Wiglaf Droste
Nikolaus Heidelbach
Vincent Klink

WEIN

List Taschenbuch

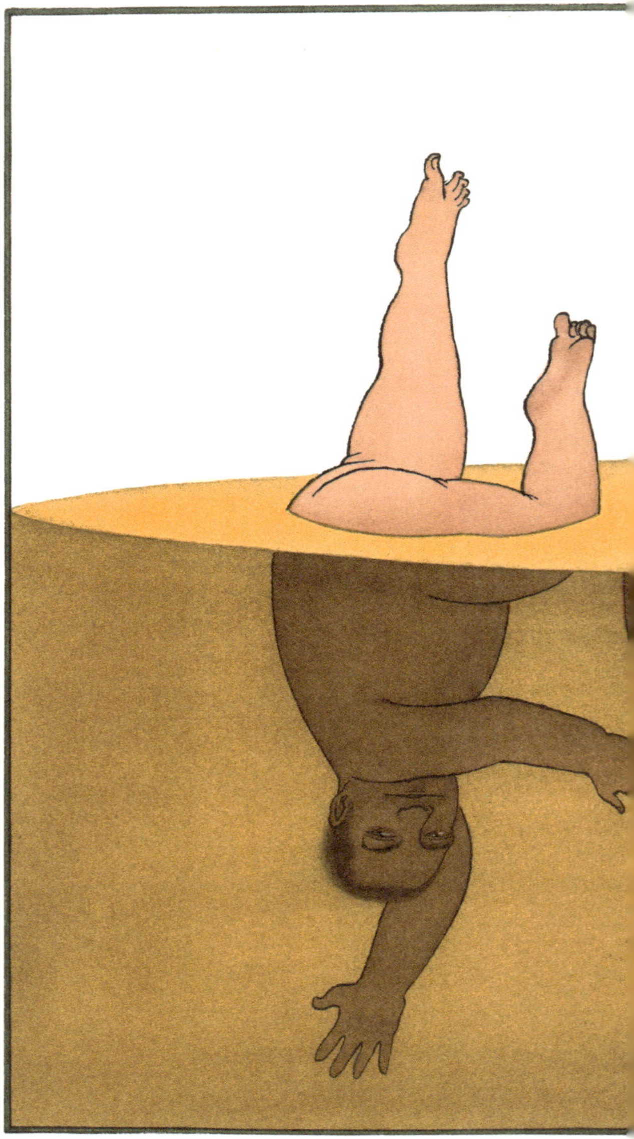

Inhalt

Wiglaf Droste

11 Wein oder nicht Wein. Ein Prolog

15 Kochen mit Wein

19 Wenn ihr uns trinkt – wirken wir nicht? Ein kleiner Tischwein erzählt

26 Bressehuhn Coulée de Serrant

30 Premium Verum? – Ich bleibe beim Wein

34 Scaloppine al Marsala

38 Das Sarkozy-Syndrom … und die deutsch-französische Nachbarschaftshilfe

41 Wonnen im Wonnegau oder Die Brautschau

50 Wein, Weib und Gesang

52 Zur Öko-Psychologie des Weinflaschenetikettenessens

56 Weinsuppe

63 Weinprobe à la française

66 Wine and Roses

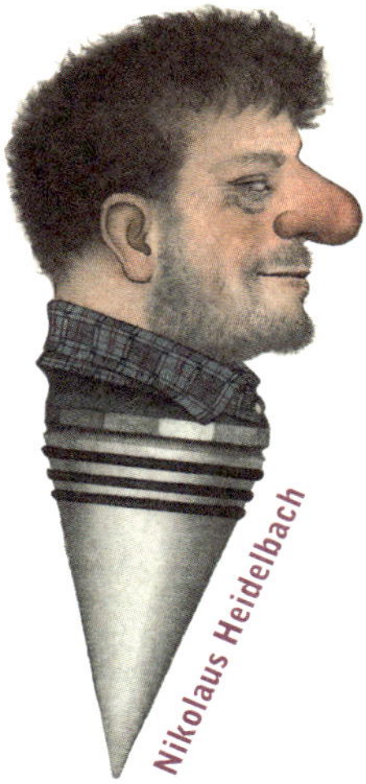

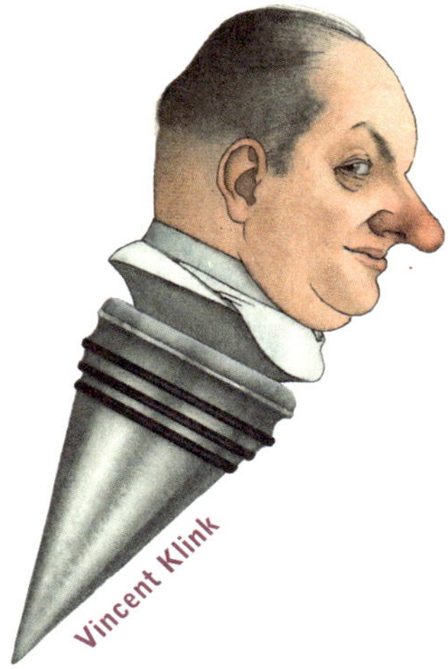

72 Sicher für uns! Wein und Comics

79 Bœuf Bourguignon (Burgunder Rindfleisch)

83 Frühstückswein und Entenhaut

87 Von der Küche ins Nest

95 Aufstand im Getränkestützpunkt

100 Barrique im Remstal

105 Gast oder Geisel? Im Weinkeller des Schreckens

113 Doller Dolde oder Der schwäbische Salzkuchen

122 Wein und Lied

126 Riesling, Riesling, Riesling

134 Weinquiz mit Händen und Füßen

139 Lebenswunsch

140 Ein Weinschmecker

143 Ein Mann sieht Rotwein.
Weintrinkers Filmführer

»Der Wein hängt aneinander.«

BRÜDER GRIMM

DAS KLUGE GRETEL

Wein oder nicht Wein

Ein Prolog

»Wein? Muss es wirklich Wein sein?« Wir saßen im Büro des Verlegers: Marcel Hartges, Nikolaus Heidelbach, Vincent Klink, Lektor Jo Lendle und ich, das Rennquintett der letzten beiden Jahre, aber ich lahmte. Ich lahmte erheblich.

»Wein.« Ich sprach das Wort aus, als hätte es Kork. »Wein soll man trinken, nicht schreiben.« Die anderen lächelten freundlich, waren aber nicht im Mindesten überzeugt. Meine Skepsis teilten sie nicht.

»Wein ist doch gut.« Marcel Hartges lag lässig auf einem »Fat Boy«-Sitzsack aus hellbraunem Nappaleder. Auch seine Stimme und sein Gesichtsausdruck verströmten Ruhe und Gelassenheit. Die anderen nickten ihm zu. Was konnte ich sagen? Nach »Wurst« und »Weihnachten« hatten wir uns selbst für »Wein« shanghait. Für Bedenken war es zu spät. Aber sagen Sie das mal den Bedenken. Die machen, was sie wollen. Wenn wir ein Buch über Wein machten, fürchtete ich, würde mir der Wein hinterher vielleicht nicht mehr schmecken. Aus einer anfänglichen Sorge war regelrecht Angst geworden.

Wie bekam ich den Kopf aus der Schlinge? Ich war zu allem bereit. »Wollen wir statt Wein nicht lieber Hitler machen?« Ich sprudelte los wie eine Magnesiumtablette. »Dann hätten wir im *Spiegel* auf alle Fälle schon mal eine dicke Geschichte sicher. Wenn nicht sogar die Titelstory!«

Als ich mich »Story« sagen hörte, wurde mir schon ein bisschen flau. Aber ich setzte nach: »Und das ZDF zieht auch mit, jede Wette. Hitler ist

Chefsache bei Guido Knopp. Ich schwör euch, das läuft. Hitler geht immer. Hundert pro.«

Marcel Hartges stützte seinen Körper mit der linken Hand ab und drückte sich aus seinem Sitzsack hoch. Eine Naht des Bequemmöbels platzte auf, und dicke Bündel frischer, knuspriger 500-Euro-Scheine kollerten über den Boden des Büros. Was die Lippen des Verlegers umspielte, war reine Nonchalance. »Du siehst«, beschied er mich mit einer kleinen Geste, »Geld ist hier nicht das Thema. Wein ist ein Kulturgetränk.«

Ich lenkte ein, gab aber noch nicht auf. Der Wein musste vom Tisch. Nur wie?

»Gut, Hitler knicken wir«, sagte ich in verbindlichem Ton. »Aber deutsche Vergangenheit wäre schon gut.« Ich zeigte auf Nikolaus Heidelbach, Vincent Klink und mich, Vertreter der Geburtsjahrgänge 1955, 1949 und 1961. »Eine SS-Vergangenheit ist da wohl leider nicht mehr drin«, gab ich zu. »Aber dein Vater« – ich sah Nikolaus Heidelbach an – »dein Vater war doch in Stalingrad. Ginge das nicht vielleicht …« Die Frage hing in der Luft. Sie machte da keine gute Figur.

»Nein, geht nicht.« Schnell wischte ich den eigenen Vorschlag wieder weg. »Aber bei dir, Vince – ist da gar nichts?«

Vincent Klink hatte Wehrdienst geleistet und gelernt, sich niemals freiwillig zu melden.

Er schwieg. Noch gab ich mich nicht geschlagen. »Ich bin '61 geboren. Mauerbau, Todesstreifen. Deutsch-deutscher Horror. Ist wahrscheinlich nicht so gut wie Hitler, könnte aber auch funktionieren. So als antizyklischer Ansatz.«

Es wurde nicht besser. Ich sah es in den Gesichtern der anderen, und ich wusste es selbst. Gab es denn keine Möglichkeit, dem Thema doch noch von der Schippe zu springen?

Der Verleger sah meine Mulmigkeit. Seine Stimme wurde weich. »Mach dir keine Sorgen. Wein ist ein großes Thema, da ist alles drin.« Er lächelte spitzbübisch. »Sogar die Wahrheit. Und wir machen ja keine Weinexpertisen wie Parker oder Johnson oder Piggott.«

Unwissentlich hatte er mir einen Trumpf hingeworfen. Ich griff zu. Es war meine letzte Chance. »Stuart Piggott?«, fragte ich mit gespieltem Kennertimbre. »Ist das nicht dieser englische Jockey? Säuft der jetzt?«

Marcel Hartges strahlte. »Netter Versuch. Ich hoffe, Lester Piggott wird ihn dir verzeihen.« Alle erhoben sich. Die Konferenz war zu Ende. Wein war durch. Ich war es auch.

Wir verließen das Büro. »Sieh es doch mal so«, sagte der Verleger tröstend, als wir durch die Tür gingen. »Etymologisch kommt Droste von Truchsess, also von Mundschenk. Das ist doch eine gute und honorige Arbeit.«

Der Mann hatte recht. Langsam floss das Blei aus meinen Knochen. Zum Abschied umarmten wir uns leicht. »Und vergiss nicht«, flüsterte er mir noch zu, »Wein ist ja irgendwie auch ein Feuchtgebiet.«

39 n. Chr. Die ersten Bordeaux betreten bei Carcans das Festland

Kochen mit Wein

Der große Kollege sei gefeiert, der mal ausrief: »Ich liebe es, mit Wein zu kochen, manchmal gebe ich ihn sogar ins Essen!« Heute sind Köche ja solide wie Leistungssportler. Überhaupt ist der Gesellschaft eine gewisse Sorglosigkeit abhandengekommen. Das hängt sicher mit dem sich immer schneller drehenden Alltag zusammen. Man spricht von High Speed, und dafür hat man fit zu sein. Das gilt auch für den Koch. Zu meiner Lehrzeit war das anders. Da hatte man, als die Studenten in den sechziger Jahren auf die Barrikaden stiegen, ganz nebenbei eine Fressdekade mit feucht-fröhlichem Humor durchgefeiert. Wienerwald war die Messlatte erfolgreicher Gastronomie. Die Göckeleswelle hatte den berühmten deutschen Schmerbauch kreiert. Und alle waren darauf stolz.

Man nahm das Leben nicht so genau, und das galt nun wiederum für den Koch. Weine und Spirituosen konnte man nicht so ohne Weiteres den Köchen anvertrauen. Da löschte man mit Wasser ab, und den Wein trank man klammheimlich selbst im Kühlhaus. Bei der Materialabgabe am Morgen bestellten wir dreist fünf Liter Deutschen Riesling, um dann nur drei Liter Weinsuppe zu produzieren. Die Brühe war infamerweise auch noch mit Wasser gestreckt. Damit sie aber eine gewisse »Kraft« hatte und »mehr Augen aus der Brühe guckten als in sie hinein«, übten wir uns in fleißiger Anwendung eines von Maggi erfundenen Wundermittels namens »gekörnte Brühe«, das ab und an auch »Maria Hilf« genannt wurde. Von wegen gute alte Zeit.

Mein damaliger Küchenchef hatte einen schweren Stand. Er war aber auch in Maßen selbst schuld. Er lagerte ständig in seinem Küchenkabuff. Seinen bayerischen, um nicht zu sagen ochsenartigen Riesenschädel hatte er in beide Hände gestützt und studierte so ein Küchenlexikon. Wenn er nach einer halben Stunde – aus unseren Augenwinkeln beobachtet – immer noch keine Seite umgeblättert hatte, wussten wir Bescheid. Der Mann konnte nicht mehr und war friedlich eingeschlafen. Wir Jungköche schmissen dann den Laden und waren mächtig stolz darauf, gebraucht zu werden. Es hieß im Restaurant Humplmayr in München, einem der ersten Betriebe damals: »Überall wird mit Wasser gekocht, wir kochen aber mit Wein!« Wir waren ständig ordentlich abgefüllt. Na ja, zumindest freudig beschickert.

Heutzutage ist natürlich auch der Koch ganz anders durchtränkt. Der Beruf ist mittlerweile obszön solide. Ganz klar, der Wein, der in den Topf kommt, muss probiert werden. Wenigstens ein kleiner Schluck. Das war's dann auch schon. Irgendwie hat aber das neue deutsche Küchenwunder mit Wein zu tun, nämlich mit dem, den man nicht während der Arbeit zwitschert.

Der Wein kommt tatsächlich ins Essen. Doch ich halte es für einen Fehler, von Anfang an den Bratenansatz mit Wein abzulöschen. Bis das Gericht fertig ist, haben sich die feinen Aromen längst durch den Küchenabzug verflüchtigt. Sie sind beim Nachbarn, der womöglich gerade eine Schlankheitskur gestartet hat und sich vor Verlangen mit Magenkrämpfen am offenen Fenster windet. Beginnen wir bei der Braterei getrost mit Wasser oder besser noch mit einem dünnen Fond.

Da billiger Wein nur billiges Essen gibt, nimmt man lieber wenig, aber guten. Ganz zum Schluss kommt er als finales Parfüm ins Gericht. Die Soße wird dann nur noch kurz erhitzt, grad so, dass der Alkohol perdu ist, aber das Aroma sich noch im Topf breitmacht.

Wenn ihr uns trinkt – wirken wir nicht?

Ein kleiner Tischwein erzählt

Ich lag im Keller. Es war dunkel, es war kühl, es war angenehm. Zusammen mit ein paar tausend anderen hatte man mich erzeugt, abgefüllt und zwischengelagert. Erst dann hatte man uns zur letzten Station unserer Reise gebracht und dort eingekellert. Wir waren nicht auf Rosen gebettet und lagen auch nicht auf Heu und auf Stroh, eher ein bisschen hart, aber im Regal war es sauber und gepflegt, und, wie mein etwas trockener Nachbar immer sagte: Wir sind schließlich nicht aus Zucker.

Ich war in weitgehend guter Gesellschaft und fühlte mich wohl. Freunde und Blutsverwandte lagen hier, viele kamen aus demselben Fass. Wein ist dicker als Wasser.

Es war ein geregeltes Leben, aber kein eintöniges. Wir lagen nah beieinander, flüsterten und erzählten uns Geschichten, schliefen oder träumten. Ich stellte mir vor, meine große Stunde schlüge bei einem Rendezvous. Eine junge Frau und ein junger Mann, ein Menü, Blumen, gedämpftes, warmes Licht, alles wäre voller Liebe, Zauber und flirrender Spannung, dann käme ich auf den Tisch, die beiden probierten mich, ich schmeckte ihnen, täte ihnen wohl und befeuerte sie zu den schönsten Worten und Taten. Hach! Ich schwelgte.

Als ich meinen Traum einmal meinem Nachbarn erzählte, bedachte er mich mit einem lakonischen Blick und meinte, ich hätte wohl etwas nah am Wasser gebaut. Pfffhh …! Sollte er doch denken, was er wollte. Ein paar

Tage später holten ihn die Sommeliers ab. Ich trauerte dem hartherzigen, essigsauren Kerl nicht nach. Allerdings hoffte ich, dass er keinem Liebespaar vorgesetzt würde. An diesem Burschen sollte sich besser ein gelangweilter Weinkritiker die Zunge schmutzig machen.

Wenn die Sommeliers zu uns in den Keller kamen, wussten wir, dass es auf die letzte Etappe gehen konnte. In anderen Regalen lagen Flaschen, die noch für ihre Trinkreifeprüfung büffeln mussten und deshalb noch nicht an der Reihe waren. In unserem Regal aber war jedermann bereit, entkorkt und getrunken zu werden. Dafür waren wir da, dafür hatte man uns gemacht. Ewiges Leben war uns nicht beschieden und wäre uns auch nicht gut bekommen; irgendwann wären wir umgekippt. Die Aussicht auf die Vollendung des Lebens schreckte keinen von uns. Niemand war traurig oder hatte Angst.

Aber aufgeregt und gespannt waren wir, und selbstverständlich wünschte sich jeder von uns einen gewandten Sommelier, der den Korken vorsichtig aus der Flasche ziehen würde. »Ich sage ihm dann einfach: ›Sei zärtlich zu mir, es ist für mich das erste Mal!‹«, zwitscherte eine Nachbarin und kicherte. Wir hatten die Weinkellner inzwischen ganz gut kennengelernt und große Unterschiede bemerkt. Manche betrachteten die Flaschen aufmerksam und beinahe liebevoll, bevor sie einige davon behutsam aus dem Regal nahmen; andere waren gleichgültig, manche sogar mürrisch und grob.

Es war einer dieser Rohlinge, mit dem ich es zu tun bekam. Muffelig kam er in den Keller gelatscht und dünstete Unmut aus. Er war mir schon ein paar Mal unangenehm aufgefallen; auch mit unseren Mitteln war ihm nicht zu helfen. Eigentlich sind wir ja für gutes Seelenwetter zuständig, aber gegen schlecht gestimmte Mumpfklumpen ist der beste Wein machtlos. Der Kerl polterte durchs Gewölbe und schimpfte vor sich hin. »Ein kleiner, unkomplizierter Tischwein soll es sein. Soso. Geht es vielleicht ein bisschen präziser?« Er näherte sich unserem Regal, streckte eine derbe Hand aus – und ergriff mich.

Das konnte nicht sein. Ich war vielleicht kein sogenanntes Spitzengewächs, und der Mann, der mich gemacht hatte, war zu meiner Freude auch nicht das, was in den Zeitschriften, die über uns vollgeschrieben werden, dann »Top-Winzer« genannt wird. Aber als kleinen, unkomplizierten Tischwein sah ich mich nun doch nicht an. Klein ging in Ordnung, und den Tischwein ließ ich mir zur Not auch noch gefallen. Aber unkompliziert? Ich? Die würden sich umkucken! Ich war ein gut gemachter, ausgereifter Wein und mir dessen in jedem Tropfen meiner nullkommasieben Liter bewusst. Und dieser Weinkellner behandelte mich wie eine Zweiliter-Pennerbombe? Was sollte das werden: TetraPak schlägt sich, TetraPak verträgt sich? Nicht mit mir!

Dann ging alles rasend schnell. Ich wurde aus dem Regal gerissen, für einen Abschied blieb keine Zeit. Der rüpelige Weinkellner drückte mir den Hals zu, dass mir die Sinne schier schwanden. So glanzfern, so sang- und klanglos hatte ich mir mein Ende nicht vorgestellt; ich würde mich nicht fügen. Mir wurde dramatisch zumute. Es war Zeit für Shakespeare, Zeit für Shylock: »Wenn ihr uns stecht – bluten wir nicht? Wenn ihr uns kitzelt – lachen wir nicht? Und wenn ihr uns vergiftet – sterben wir nicht?«

Ja, so würde ich ihnen in die Suppe spucken. Der Sommelier brachte mich nach oben, ins Restaurant. Ich hatte mir immer gewünscht, genug Zeit zu haben, den Ort meiner Bestimmung kennenzulernen, aber ich wurde ohne weiteren Aufschub schnurstracks an einen Tisch gebracht. Der Weinkellner präsentierte mich einem Mann, der mich betrachtete wie ein Andenken aus dem Souvenirladen. Noch so ein vulgärer Geselle; denen würde ich es zeigen.

Der Korken wurde mir aus dem Hals gezerrt, jetzt schlug die Sekunde der Wahrheit. Exakt in dem Moment des Eingießens bündelte ich all meine

Kräfte und begann zu schäumen: »Wenn ihr uns öffnet – duften wir nicht? Wenn ihr uns kostet – schmecken wir nicht? Und wenn ihr uns trinkt – wirken wir nicht?«

Der Sommelier hätte mich beinahe fallen lassen, so überrascht war er. Er entschuldigte sich bei seinen Gästen, die ebenfalls schockiert wirkten. Dann trug er mich ab. »Ich habe doch gesagt, dass ihr mich nicht kriegt«, dachte ich zufrieden. Der Auftritt war mir eindeutig geglückt. In der Küche setzte mich der Sommelier unsanft auf einer Anrichte ab. »Hier ist was zum Verkochen!«, rief er. Mit dieser weiteren Frechheit verschwand der Grobian.

Eine Köchin näherte sich und hielt ihr Gesicht über mich, um an mir zu schnuppern. Ich erkannte sie. Ich hatte sie oft gesehen. Sie war die Frau aus meinem Traum. »Nimm mich mit zu dir nach Hause!«, flüsterte ich. »Trink mich mit deinem Liebsten!« Sie blickte sich um. Hinter ihr stand niemand. Sie schien irritiert zu sein. Fragend sah sie mich an. Ich wiederholte meine Bitte, und diesmal verstand sie; ungläubig zuerst, aber sie verstand. Sie ging kurz weg, kehrte mit einem Korken zurück, verstöpselte mich und verstaute mich schnell und heimlich in einer dunklen, geräumigen Tasche.

Ich musste nur ein paar Stunden warten. Dann wurde die Tasche hochgehoben, und ich trat noch einmal eine Reise an. Gerade schwinge ich ein bisschen mit der Tasche hin und her, das entspricht ganz meiner Stimmung. Ich freue mich schon auf die Wirkungen, die ich an meinem letzten Abend entfachen werde.

TEAU LA GURGUE
1996
UHART-MILON
SCHILD(LAFITE)

Bressehuhn Coulée de Serrant

Im 12. Jahrhundert legten die Zisterzienser beim Ort Savennières in der Weinbau-Region Loire den Weinberg »Clos de la Coulée-de-Serrant« an – an einem Steilhang hoch über dem Loire-Nebenfluss Serrant. Der Wein wurde so berühmt, dass die französischen Könige Ludwig XI. und Ludwig XIV. sowie Napoleons erste Gattin Josephine den Weinberg persönlich besuchten. Dieser umfasst sieben Hektar Rebfläche beiderseits des Flusstales und befindet sich im Alleinbesitz des Weingutes Château de la Roche-aux-Moines. Der größte Teil befindet sich an steilen, nach Südwesten gerichteten Hängen. Die Lage wurde als eigene Appellation Savennières Coulée-de-Serrant klassifiziert. Der davon gekelterte Weißwein aus 100% Chenin Blanc zählt zu den besten der Welt.

Der heutige Besitzer Nicolas Joly beschäftigte sich intensiv mit Rudolf Steiner und stellte ganz auf biodynamischen Weinbau um. Der Wunsch, die Bodenpflege und das Terroir möglichst stark zu beleben, die Mikroorganismen zu stärken, führt bei Joly so weit, dass der Boden nicht durch Treckerreifen malträtiert wird, sondern die Furchen vom Pferd gezogen werden. Im Weinkeller gibt es keine Zentrifugen, Filter, Kühlanlagen oder sonstige Apparate, mit denen Fehler und Versäumnisse im Weinberg kompensiert werden können. Hier geht es um die reine Wahrheit: Bringt es die Natur nicht zustande, dann hat man verloren.

Nicolas Jolys Tochter, Virginie, arbeitet mittlerweile mit dem Vater zusammen. Beide stehen für naturbelassene Weine ein und vertreten die

Philosophie: Je weiter man sich von den Gesetzen des Lebens, der Natur entfernt, umso mehr sind Kunstgriffe nötig. Werden der Weinstock und der Boden dagegen gut und richtig gepflegt und gefördert – was nicht heißt, dass die Reben mit Kunstdünger verweichlicht werden –, dann ist ingeniöse Weinbautechnik zweitrangig.

Kein Gift im Weinberg und diesen nicht mit Unkrautvernichtern quälen, sondern hacken, hacken, hacken! Damit ist eigentlich alles gesagt. Winzer dieser Philosophie sind selten, denn solcher Wein erfordert immensen menschlichen Arbeitseinsatz, und der ist teuer. Deshalb gehen wir beim Kochen mit diesem teuren Wein sparsam und effizient um. Das sollte man immer tun. Mit viel Wein zu kochen gibt noch lange kein gutes Gericht. Im Gegenteil, je mehr schlechter Wein ins Essen kommt, umso schlechter wird das Essen. Also sparen wir uns Exzesse. Ein Achtel Joly-Wein genügt. Wir geben ihn – wie man das möglichst immer machen sollte – erst am Schluss dazu, gerade so, dass sich der Alkohol verflüchtigt, aber die Weinaromen in der Soße bleiben.

Für die Füllung die Schalotten in der Butter anschwitzen, dann mit Calvados flambieren, sodass der Alkohol entweicht. Pfanne vom Feuer nehmen und die geraspelten Äpfel zu den heißen Schalotten geben. Die Pfanne anschließend wieder auf den Herd stellen.

Bressehuhn Coulée de Serrant

Zutaten für 4 Personen

Für das Huhn

1	Bressehuhn
	Pfeffer, Salz
1 EL	Walnussöl
2	Schalotten, fein gewürfelt
1/4 l	Geflügelbrühe
1/8 l	Coulée de Serrant
	Butterflocken

Für die Füllung

2	Schalotten, fein gewürfelt
1 EL	Butter
2 cl	Calvados
2	Äpfel, fein mit Haut geraspelt
1/2 TL	Thymianhonig
1 EL	Zitronensaft
1 EL	Pistazien, fein gehackt
1/2 TL	Ingwer, frisch gerieben
1/2 TL	schwarzer Pfeffer, grob geschrotet
	Salz
1 Scheibe	Zwieback, fein gerieben

Thymianhonig, Zitronensaft, Pistazien, Ingwer und Pfeffer in die Pfanne geben. Alles gut durchschwenken und mit Pfeffer und Salz würzen. Die Mischung soll so lange auf dem Feuer bleiben, bis der austretende Apfelfond reduziert ist. Dann die Pfanne vom Feuer nehmen und nach und nach so viel Zwiebackbrösel unterheben, bis eine leicht flüssige Paste entsteht. Nach 10 Minuten ist sie genügend eingedickt, sodass sie sich später, beim Tranchieren, schnittfest präsentiert.

Ein Bressehuhn – im Ganzen an den Tisch gebracht – ist ein gastronomischer Festakt. Das Problem beim Garen ist, dass die Brust schneller durch und trocken ist als die Keulen. Deshalb schieben wir die Füllung zwischen Haut und Brustfleisch. So wird das zarte Fleisch mariniert, und die Hitze dringt langsamer vor. Brust und Keule werden gemeinsam auf den Punkt gegart.

Für diese Zubereitung das Bressehuhn auf eine Arbeitsfläche legen. Mit dem Zeigefinger oder einem Löffelstiel zwischen Fleisch und Haut der Brüste fahren und so die Haut vom Fleisch trennen. Nun die vorbereitete Apfel-Pistazien-Füllung mit einem Spritzsack zwischen Haut und Fleisch einfüllen oder mit einem Teelöffel dazwischenschieben. Inzwischen den Backofen auf 180° vorheizen.

Das gefüllte Huhn von innen und außen pfeffern, salzen und mit Walnussöl einpinseln. Das Huhn in eine ofenfeste Pfanne setzen, und zwar nicht mit der Brust nach oben, sondern seitlich auf der Keule liegend. Im heißen Ofen 20 Minuten braten. Nach dieser Zeit den Vogel auf die andere Seite drehen und die gewürfelten Schalotten dazugeben. Nach 5 Minuten beginnen die Schalotten zu bräunen. Dann alles mit der Geflügelbrühe ablöschen und das Huhn weitere 20 Min. auf der Keule liegend garen.

Das Huhn auf einer Platte anrichten und im ausgeschalteten Ofen bei geöffneter Tür 5 Minuten ruhen lassen. In der Zwischenzeit die Pfanne auf den Herd stellen, das überschüssige Fett abschöpfen und den Wein dazugeben. Auf großem Feuer den Fond um die Hälfte reduzieren und mit einigen Butterflocken emulgieren.

Das Aroma des Huhns und die harmonisierenden Ingredienzien der Füllung gehen mit leicht gekühltem Coulée de Serrant eine überaus vorteilhafte Liaison ein.

Premium Verum? – Ich bleibe beim Wein

Den Zug von Leipzig nach Berlin verpasste ich um eine Minute, nun hatte ich eine Stunde geschenkte Zeit. Es war früher Abend, die Arbeit getan und die Laune viel zu gut, um über den Mehdornschurken zu grummeln – also hurtig los, auf ein Abwartegetränk. Das Bahnhofslokal hieß Gleis Irgendwas, wie solche Bümmse eben heißen. Schön war es nicht, eher praktisch und abwaschbar, aber geschenkt, ich wäre ja gleich wieder weg.

Was sollte ich zu mir nehmen? Wasser? Davon gab es draußen genug; dieser Sommertag war so verregnet, nass und kalt, dass ein Erfrischungsgetränk wirklich nicht nötig war. Kaffee? Gern – aber in der Bahnhofskneipe? Ich mag meinen Magen, also nahm ich Abstand von dieser Idee. Und Teebeuteltee muss sowieso überhaupt nicht sein.

Ich sah mich um. Alle Anwesenden, es handelte sich ausschließlich um Männer, hatten helles Bier vor sich stehen. Nicht, dass ich so etwas nicht schon einmal getrunken hätte. Nach dem Handballspielen oder der Sauna schmeckt es, und am Meer, zu Hering und Bratkartoffeln, ist es auch in Ordnung. Spätestens in meinem Jahr als *Titanic*-Redakteur in Frankfurt am Main aber war ich vorsichtig geworden: Bindingbrühe und »Aans is sischä – Lischä!« hatten mich leiden lassen und einen Notwehrreim provoziert:

In Frankfurt spült der Bahnhofsstricher
Nach dem Blow-Job stets mit Licher.

Aber auch die kontemporäre Bierreklame tat alles, um Menschen Schmerzen am Kopf innen fühlen zu lassen. »Fassfrisch« ist das Fußballwerbebier heutzutage, »Premium« selbstverständlich sowieso, beziehungsweise wie im besonders schweren Fall *Warsteiner* sogar »Premium Verum«. Das bedeutet nichts, es sagt nicht das Geringste über die Qualität aus – »Premium« zu heißen ist nur die vornehmste Pflicht aller Gülle, und »fassfrisch« muss sie auch sein, aber hallo. Wer soll sich davon angesprochen fühlen, wenn nicht ein Köter: »Hasso fassfrisch!«

Hasso trank ein Premium,
Bumms, da fiel der Hasso um.

Ich bat um die Weinkarte. Die Kellnerin sah mich amüsiert an und fragte: »Weiß oder rot? Trocken oder lieblich?« Ich begriff den Grundfehler, der in meiner bloßen Frage lag, und sagte bescheiden: »Was Sie empfehlen. Rot und trocken vielleicht ...?« Ihr Blick bekam etwas Mitfühlendes. »Ist aber teuer. Vierfünfzig.« Ich nickte ergeben und bestellte auch noch eine »Riesenbockwurst«, die nur die Hälfte kostete. Das würde etwas geben, eine Schussfahrt ins Abenteuer: Bahnhofskneipenrotwein mit Bockwurst und reichlich Senf, den Wein am besten im Plastikbecher und die Wurst auf einer Pappe serviert, eine Reise in die Vergangenheit, à la recherche du Rummelplatz perdu, mit anschließendem Säureschrappen an der Mageninnenwand. Inzwischen war alles so egal, dass ich mich schon wieder freute.

Das Viertellitergebinde, das die Kellnerin mir formvollendet mit Papierserviettenhalskrause kredenzte, hieß »Terre Palladiane, Merlot Cabernet delle Venezie«. Ich starb nicht daran, es ging schon irgendwie durch den Speiseschlund den Weg aller Dinge. »Zonin« stand noch auf der Kleinflasche; das klang wie: Extrakt aus der Zone, Überdosis Zone eben. Aber ich werde mich nicht beschweren, nicht darüber.

Wer in der Bahnhofskneipe Wein bestellt, muss wissen, was er tut. Und entsprechend tapfer sein. Und duldsam und freundlich. Denn irgendwie ist es doch auch Wein, oder wenigstens etwas Weinähnliches, was man dort bekommt – und also allemal besser als ein Rattengift namens »Premium Verum«.

Der Papst spricht fließend Lügenlatein,
Ich aber bleibe liturgisch beim Wein.

Buddelgolgatha

Scaloppine al Marsala

Zugegeben, Marsala ist ein wenig aus der Mode. Vielleicht auch zu Recht, denn seit langem ist dieser Südwein durch mittelmäßige Qualität, wenn nicht gar durch Ramsch, arg ramponiert worden. Bewusst spreche ich von Südwein und nicht von Süßwein. Denn vielleicht hatte der Wein deshalb nie eine Chance, zu wirklicher Klasse aufzulaufen, weil die Fehlerhaftigkeit billiger Sorten gerne mit Zucker weggebügelt wird.

Marsala, diesen Stoff aus der Gegend der sizilianischen Stadt Marsala, gibt es »secco«, »abboccato« oder »dolce«. Der Secco (trocken) darf eine Restsüße bis 40 g/l, der Semisecco oder Abboccato (halbtrocken) 40 bis 100 g/l und der Dolce (süß) über 100 g/l aufweisen. Trockener Marsala, auch Marsala Vergine (mit 4 g/l Restsüße), ist ein hervorragender Aperitif, während die süße Provenienz »dolce« als Dessertwein nachmittags oder als aromatisierende Zutat für Desserts Verwendung findet.

Die Engländer waren es, die eine Alternative zu den teureren Madeiras und Portweinen suchten. Ein gewisser John Woodhouse, Spezialist für Portwein und Sherry, gab den Weinen reinen Alkohol zu, damit sie den Transport nach England überstanden.

Marsala wird hauptsächlich aus Weißweintrauben gekeltert und hilft dem allgemeinen Wohlbefinden auf die Sprünge, wenn man ihn diszipliniert trinkt, wie das steiflippige Lords in England bis ins hohe Alter praktizieren. Er ist ein wunderbarer Kamerad, wenn man von anderen schweren Südweinen sich erholend der blauen Stunde entgegendämmert. Die blaue Stunde heißt wahrscheinlich nicht wegen des indigoschwangeren Büchsenlichts so, sondern weil sich bei diesem Aperitifwein gern eine verwischende Wahrnehmung einstellt, schließlich enthält er bis zu 20 Prozent Alkohol. In guter Qualität ist er nicht aufgespritet, sondern ein reines Naturprodukt. Ein Marsala Fine muss mindestens ein Jahr in Holzfässern reifen und einen Mindestalkoholgehalt von 17 Prozent aufweisen. Für alle anderen Qualitätsweine sind 18 Prozent das Minimum. Für den Marsala Superiore gelten mindestens zwei Jahre Fasslagerung, für Superiore Riserva wenigstens vier Jahre. Es folgen Marsala Vergine und Soleras mit mindestens fünf Jahren, Vergine Stravecchio, Solera Stravecchio, Vergine Riserva und Soleras Riserva mit mindestens zehn Jahren Holzfassreife. Daneben gibt es noch ältere Riservas, die entsprechend auf dem Etikett gekennzeichnet werden dürfen.

Marsala erinnert an Madeira und ich trinke ihn nach dem Mittagessen, um auszukuppeln, einen langsameren Gang einzulegen und mich auf die obligatorische Siesta einzustimmen. In diesen Situationen, stelle ich an mir selbst fest, bin ich von extrem sanftem Gemüt. So kann ich es durch unzählige Selbstversuche wagen, den Marsala als eine das Gemüt günstig beeinflussende Flüssigkeit zu empfehlen. Eigentlich müsste man so etwas auf Krankenschein bekommen, denn die förderlichen Wirkungen sind legendär und in vielen südlichen Klöstern von alters her – sozusagen durch eine Langzeitstudie – nachgewiesen.

Kurzum: Von diesem Wein geht etwas Gemütliches aus. Trotzdem sollte man ihn nicht als Sofawein diffamieren. Er kann in trockenem Ausbau Feuer und auch eine ziemlich belebende Wirkung haben. Nimmt man ihn dann zum Kochen, beherrscht er die Szene. Marsala secco ist aber trotzdem, beispielsweise zu Geflügel oder Kalbfleisch, nachsichtig und lässt gutem Fleisch immer noch einen Freiraum. Besonders vorteilhaft vereinigt er die Aromen von geröstetem Hummer, Tomaten und auch Estragon. Das hört sich jetzt etwas hochgestochen oder kompliziert an,

Scaloppine al Marsala

Zutaten für 2 Personen

2	Schalotten
50 g	Karotte
50 g	Lauch
300 g	Kalbsrücken
	Meersalz, Pfeffer
2 EL	Olivenöl
200 ml	Fleischbrühe
1/8 l	Marsala
1 TL	kalte Butter

aber jedwedes Köchlein kann diesen Rebensaft überall ranwerfen, ohne dass Schaden zu befürchten wäre. Schade ist nur, wenn man ihn zu früh ans Gericht gibt. Wir merken uns für alle Weine: das Gericht möglichst erst kurz vor der Fertigstellung damit parfümieren! Wichtig ist aber, dass dann die Soße noch mal kurz aufkocht, damit sich der Alkohol verflüchtigt.

Die Schalotten schälen und fein schneiden. Karotte und Lauch putzen bzw. schälen und in feine Würfelchen schneiden.

Das Fleisch in 4 dünne Schnitzelchen schneiden, leicht plattieren und mit Salz und Pfeffer würzen. Schnitzelchen in einer Pfanne in etwas Olivenöl von jeder Seite 1 Minute anbraten und anschließend warm stellen.

In derselben Pfanne die Schalotten anschwitzen und mit Brühe ablöschen. Brühe um die Hälfte einkochen lassen, dann Lauch- und Karottenwürfel zugeben, Marsala und den aus den Schnitzeln ausgetretenen Fleischsaft dazugießen. Die Soße aufkochen und ca. 2 Minuten kochen lassen. Die bei größtem Feuer heftig blubbernde Flüssigkeit mit Butter binden, so entsteht eine Emulsion, und je nachdem, wie lange wir alles kochen lassen, dickt sich die Soße an.

Krebs im Rotwein

Das Sarkozy-Syndrom … und die deutsch-französische Nachbarschaftshilfe

Die französische Kultur ist in höchster Gefahr. Französische Winzer machen sich große Sorgen um die *Grande Nation* – und das wegen ihres neuen Präsidenten. Denn Nicolas Sarkozy legt Wert darauf, aller Welt kundzutun, dass er ein sportiv-gesundes Fitnessleben führt und keinen Alkohol trinkt, auch keinen Wein.

Das rief im Juni 2007 einige Winzer auf den Plan. Ein Franzose, der den Wein verschmäht, der das klassische *savoir vivre* und das als Wort längst Geflügel gewordene »Leben wie Gott in Frankreich« nicht beherrscht – was soll das sein? Nach Ansicht der Winzer jedenfalls bietet Sarkozy »ein völlig falsches Bild von Frankreich« und ist mit seinem geradezu unmoralischen Mineralwasserlebenswandel »kein Repräsentant der französischen Kultur«. So apodiktisch formulierte es Serge Dombierer, der für das Weingut Château de Mauvanne im Bordeaux arbeitet.

Klingt das nicht herrlich vernünftig? In einer Welt, die unter irrationalem, hysterischem Gesundheitsterror ächzt, steht endlich einmal der richtige Mann am Pranger. Sarkozy ist eine einzige ehrgeizgetriebene Disziplinleistung auf Beinen – auf kurzen Beinen, muss man im Sinne der Wahrheitsfindung hinzufügen. Denn in der Gruppe der Männer unter einem Meter siebzig Körpergröße gibt es die Untergruppe der bösartigen Chefzwerge, die einen Zukurzgekommenenkomplex entwickelt haben, den sie durch immerwährendes Heißlufthantieren, Aufplustern und Auf-die-Zehenspitzen-Stellen abarbeiten müssen – bis sie, und zwar um jeden Preis, von allen wahrgenommen werden und eine Position erreicht haben, die es ihnen ermöglicht, beim Von-unten-nach-oben-Kucken zu den Größeren hinauf dennoch auf diese herunter-, ja herabzusehen. Solche Männer – als treffendes zweites Beispiel neben Nicolas Sarkozy mag hier Wolf Biermann dienen – sind nimmersatte Aufmerksamkeitserpresser oder weit Gefährlicheres.

Darüber hinaus gehört der französische Präsident zu jener internationalen Chefetagenkaste von gesichtslosen, charakterfernen Funktionselitaristen, die allesamt aus demselben Reagenzglas beziehungsweise derselben Ausbildungsmaschinerie stammen. Menschliche Bindungen und Schwächen sind in diesem systematisiert seelenlosen Perfektionismus nicht vorgesehen. Selbstverständlich trinkt Sarkozy nicht; ihn beherrscht die Angst vor Kontrollverlust, die sich aus dem berechtigten Misstrauen speist, er werde, wenn er sich einmal gehen lasse, etwas furchtbar Peinliches, ihn ganz und gar Decouvrierendes anstellen. Wie ein klassischer Franzose wirkt Sarkozy also tatsächlich nicht; der Mann ist so zwanghaft und verbissen, er könnte Ehrendeutscher werden.

Der Vorschlag einiger französischer Winzer, Sarkozy solle »den Wein zumindest wie bei einer Weinprobe testen und dann ausspucken«, ist allerdings ebenfalls verbiestert und unsinnig. Wer immer nur leistet statt lebt, ist zwar unangenehm, mag das aber tun. Zwingen soll man keinen. Und wozu überhaupt mit jemandem anstoßen, der das nicht gern hat – noch dazu mit einer Kneifzange wie Sarkozy?

Ums Geschäft brauchen sich die von billiger Überseekonkurrenz gezwiebelten französischen Winzer in diesem Fall nicht zu sorgen: Das bisschen Wein, das Sarkozy bei öffentlichen Repräsentationsanlässen ohne zu zahlen in die Kameras halten könnte, soll ihnen in einem Akt deutschfranzösischer Nachbarschaftshilfe bei voller Vergütung abgenommen werden. Keine Angst, liebe weinproduzierende Franzosen: Um das jährliche Sarkozy-Weindeputat kümmern sich, mit eurer Erlaubnis, dann eben euch wohlgesinnte Nachbarn – falls nötig, stelle ich mich selbst zur Verfügung. A votre santé!

Schleimiger Abgang

Wonnen im Wonnegau oder Die Brautschau

Bücher über Wein gibt es jede Menge. Kompetente Leute, die den Weg zu den besten Flaschen weisen, sind selten. Wenn Stuart Pigott und seine Frau Ursula Heinzelmann etwas erzählen, dann höre ich zu. So kommt es, dass ich von einem wunderbaren Wein erfahre. Er heißt »G-Max« und kommt nicht aus dem Sauternes oder vom sagenhaften Acker, der sich Charlemagne nennt. Nein, es ist ein Riesling und wächst in Rheinhessen. Ausgerechnet in Rheinhessen! Das ist die Gegend, die den deutschen Wein im Ausland nachhaltig ruiniert hat. Viele amerikanische Rauschköpfe kennen »Blue Nun«. Ich nicht, ich habe die berüchtigte Liebfrauenmilch nie getrunken und gut daran getan. Das war aber einmal. Der berühmte Weinberg, der sich von der Wormser Liebfrauenkirche zum Rhein neigt, war in der Vergangenheit ein missbrauchtes Stück Land und ist heute wieder eine der ersten Adressen. Der teuerste trockene Riesling kommt aber aus einem Dörfchen in der Nähe, das sich monströs Flörsheim-Dalsheim nennt. Ich schmeiße mich auf meine Moto Guzzi und bullere flugs dorthin. Teure Sachen interessieren mich immer. Gott und die Welt ist auf der Suche nach dem Billigen. Bei mir ist es gerade umgekehrt. Eins habe ich mittlerweile gelernt: Wer etwas teuer verkauft, jedenfalls ist das bei Lebensmitteln so, der weiß, warum.

Auf der Autobahn Richtung Alzey sehe ich rechts und links bis zum Horizont die Schraffur unzähliger Weinzeilen. Massenhaft Wein, und sicher nicht alles erstklassig. Ich muss weiter, nach Flörsheim-Dalsheim, oder heißt es Dalsheim-Flörsheim? Egal! Die Hügel sind sanft. Wenn ein Weinberg sich hier fünfzig Meter hochlehnt, dann ist das schon viel. Mit einem polnischen Geschirrspüler fuhr ich mal durch schwäbische Weinhügel, die sehen genauso aus wie hier. Der Mann brachte es auf den Punkt: »Chef, gucke da«, er zeigte auf die Rebanlagen, »isse Deutschland gutes Land, viele Ordnung!« In der Tat hat ein gepflegter Weinberg auf mich etwas sehr Beruhigendes. Man merkt, hier herrscht kein Chaos, sondern die deutsche Tugend.

Ich bin vor Ort, und das nicht zum ersten Mal, weil hier ein Freund seine Werkstatt hat. Ich suche die Bahnhofstraße 1. Sie liegt nicht beim Bahnhof, sondern von ihm am weitesten entfernt. Man wird unwillkürlich an die Edel-Weinlage Bahndamm Nord erinnert, aber es kommt anders. Die Nummer 1 der Bahnhofstraße liegt am Ortsende, idyllisch und gleich an das Weingebiet angrenzend. Ich steige etwas hüftsteif von meinem Feuerstuhl und taste mich in den Innenhof. Unter einem ausladenden Scheunendach brennt in einer Art Wachhäuschen ein Licht. Ein Computer streut kalten Schein an die Buchhaltungsordner an der Wand.

Ich fühle mich als Eindringling. Da sitzt eine Frau und wird vom Bildschirm beleuchtet. Es ist wie Kino, und ich bin der Voyeur. Verharrend beobachte ich die Frau. Sie ist schön, das merke ich sogar mit meinem mittlerweile trüben Blick. Sie dreht den Hals. Sie sieht mich, und ich sehe sie. Bloß nicht rot werden. Nicht die Frau anstarren. Durchatmend und in mich hineinraunend befehle ich mir: »Denke dran, warum du hierher gekommen bist. Hier soll es einen der besten Weine der Welt geben!« Doch das habe ich schon im nächsten Moment wieder vergessen. Was ist los? Worum geht's? Ich weiß es nicht mehr. Eigentlich wollte ich eine Motorradausfahrt machen. Oder war da noch was? Bin ich noch von dieser Welt? Die Frau kommt aus ihrem kleinen Büro heraus. Sie ist schlank, fest, kraftvoll und hat eine so naturfrische Gesichtsfarbe, dass Pfarrer Kneipp in

Freudengeheul ausgebrochen wäre. Und sie hat Elan. Ich stehe wie betäubt, sie aber schnappt meine Hand und drückt kräftig. Ihr blondes, halblanges Haar fällt frech in die Stirn. Dann spüre ich meine Hand in ihrer, oder ist ihre Hand in meiner? Jedenfalls lande ich durch ihr lautes »Grüß Gott« wieder sicher im Hier und Jetzt und strahle die Frau an. Meine mentale Ladehemmung scheint beendet zu sein. »Ich würde gerne ein paar Probeflaschen kaufen.« Das scheint hier das Standard-Eröffnungsgespräch zu sein. Sie muss nicht überlegen: »Kein Problem, gerne. Schauen Sie, hier habe ich eine Liste!« Da stehen auch die Preise drauf, und sie reicht mir das Papier, das sicher eine Art Selbstschutz darstellt. Es gibt ja jede Menge Weinfreunde, die kilometerweit zu den Weingütern eiern, die Leute dort von der Arbeit abhalten und dann – weil man direkt beim Erzeuger »wahnsinnig billig« einkaufen kann – zwei Fläschchen vom Billigsten mitnehmen. Das habe ich alles schon beobachten können, vor allem, wenn nach der Verabschiedung der Winzer aufatmet und der verdammte Kunde noch mal zurückkommt, um zu fragen: »Und wie viele Jahre kann ich Ihren Wein, diesen Kabinett, in den Keller legen?« Man ist leider aufeinander angewiesen, denn winzern kann man auf Dauer nicht ohne den Kunden. Das kann der Koch gut nachfühlen, dessen natürlicher Feind ebenfalls der Gast ist.

Man darf sich deshalb nicht wundern, wenn der Weinfreund bei solcherlei Überfällen von den Weinbauern erst einmal skeptisch beäugt wird. Da habe ich einen besseren Stand. Man sieht mir offensichtlich an, dass ich kein Hobbytrinker bin, keine lästigen Fragen stelle. Ich mache es dann auch kurz, schau der Schönen gerade ins Gesicht und spreche mit professioneller Grandezza: »Packen Sie jeweils eine Flasche ein, von allem, was sich Riesling nennt! Für die Bestellung rufe ich Sie an.« Eine klare Ansage und die Lady entspannt sich. Ihre Befürchtungen, dass ich mich hier häuslich einrichten werde, sind verflogen. Die Flaschen werden eingepackt und bekommen etwas übergestülpt, das man als Flaschen-Präservativ bezeichnen könnte. Jede Pulle bekommt eine Pappdeckelziehharmonika übergezogen. Die Dame weiß vom Wert ihres Weines und auch, dass Biker immer wieder mal in die Büsche knattern.

Die Flaschen sehen nun sehr nach Understatement aus. Die bedeckten Etiketten zeigten bereits nur wenig von dem, was schlechte Produkte in Rosstäuschermanier auszeichnet, nämlich die große Ansage, dröhnende Werbung oder sonstiges Werbegekreische. Hier ist alles schlicht, auf den Flaschen steht nur »Keller, Flörsheim-Dalsheim« und das Wörtchen »Riesling«. Die Weinliste bietet mehr Information. Immerhin ist von der *New York Times* die Rede und dass der dort amtierende Weinredakteur von den Weinen verzaubert wurde. Ich bin auch noch ganz behext, als ich mich auf meine Guzzi rapple, sehnsüchtig winke und langsam vom Hof blubbere. Die Frau geht mir nicht aus dem Kopf. Ich entdecke, dass mein Blinker – der auf meiner Herzseite – ungefragt Signale gibt, obwohl ich nicht abbiegen möchte, sondern schnurstracks zu Jens Hofmann fahre. Das sind keine dreihundert Meter. Diese Entfernung schaffe ich, obwohl mir die Chefin des Weinguts deutlicher vor Augen steht als der wuselnde Verkehr.

In seiner Werkstatt riecht es ganz anders. Irgendwie auch nicht schlecht. »Hey Jens, im oberen Dorf habt ihr einen Spitzenwinzer, beziehungsweise eine Winzerin, von der ich, ohne einen Schluck Wein probiert zu haben, noch ganz besoffen bin. Übrigens, wenn wir schon bei Schönheit sind, meine V11 Guzzi hast du sehr gut getunt, sie sprintet wie ein Rakete, aber die Farbe blau, ich weiß nicht, könnte man nicht alles rot umspritzen?«

»Vincent, du spinnst! Die Farbe eines Motorrads ist völlig wurscht, laufen muss die Kiste. Da, schau mal diesen Dampfhammer an!« Wir gehen um die Ecke, und ich bin wie vom Donner gerührt. Die Winzerin ist total vergessen, was sie sicher nicht verdient hat. Wenn aber spleenige Männer – von Benzindämpfen benebelt – aufeinandertreffen, dann gilt eine andere

Art von Libido. Jens strahlt mich an. Er merkt, dass ich unter Schock stehe. »Die Julia Keller vom Weingut, schön und recht, aber die hat schon einen tollen Mann. Diese Braut hier ist aber wirklich scharf auf dich. Vincent, das müsste ganz genau dein Begehren erfüllen.«

Wow! Das hier ist kein Elektrobaukasten auf Rädern, nirgends kann ich Plastik entdecken. Die Kiste sieht aus, als sei sie in den dreißiger Jahren des letzten Jahrhunderts aus einem Misthaufen gegraben worden. Nichts glänzt. Ich sehe nur grobes Aluminium, und das auch noch verbeult. »Vincent! Das ist das Motorrad, für das ich von den Konzernen gehasst werde.« Jens ist ein leidenschaftlicher Mensch. Dr. Guzzi kriegt rote Backen, denn wenn es ums Motorrad geht, dann bedeutet das bei ihm Shakespearesche Wucht, also: »To be or not to be«. Bei BMW werden Millionen investiert, und letztes Jahr hockt sich Hamlet Jens auf dieses Moped und fährt ganz entspannt vor den deutschen Wundermotorrädern her. »Mensch, Vincent, das ist ein Triebwerk, ganz so wie du kochst. Nichts Überflüssiges dran, kaum Elektronik, Rollenschiebervergaser, Doppelzündung. Die Maschine hat einen Riesenmotor und sonst fast gar nichts mehr. Sie ist leicht, klein, niedrig und handlich, so richtig zum Rumknutschen!«

Im Weingut habe ich garantiert nichts getrunken, trotzdem bin ich high, und der Jens ist es sowieso. Wir sind Brüder im Geiste. Ich bin ganz still, schaue genauer hin und sehe dann wohl Details, die gewaltigen Ingenieuraufwand erahnen lassen. Mein Gott, was für eine Braut! Ich setze mich drauf und werde gleich daran erinnert, dass so eine Geliebte besser gehorcht als alles andere auf der Welt.

Wie sie so dasteht, auf ihrem Seitenständer, fest und selbstbewusst, als wolle sie sagen: »Ihr Spinner, ihr könnt mich mal!« Ich denke mir meinen Teil: »Vincent, bleib cool. Das ist ein Motorrad, ganz normal, nichts für Angeber, massenhaft PS, that's it.« Die Kiste springt an, ein Riesenknall, dann Ende. Lähmende Stille! Jens schreit: »Vincent, langsam, das Ding hat keine

Endlich! – Frauen in Flaschen

Startautomatik und die Schaltung ist andersrum. Das ist ein Racer, pass auf. Also erst mal den Gashahn dreimal feste drehen, dann die Zündung an, und du wirst sehen, alles wird gut!«

Na dann. Es funktioniert, und ich falle schier vom Sattel. Das hat etwas mit Vulkanausbruch zu tun. »Jens, ich fahre mal geschwind ein bisschen durch die Gegend!« Den Rucksack werfe ich mir über, und schon bin ich ums Eck gepustet. Verflucht, welch eine Hochzeit! Ich rumore durch eine enge Gasse, die Häuser zittern, und hinter mir hupen die Alarmanlagen zweier irritierter Autos los. Dann auf die Hauptstraße nach Worms und mal richtig am Griff gedreht. Meinen Hintern drückt es gegen den Sattel, der nachgibt, und ich fürchte, samt dem Polster den Abflug zu machen. Jetzt bin ich schon auf der Autobahn und gebe richtig Gummi. Vincent als Mr. Rocket, meinen Öko-Heiligenschein hat es vom Kopf gerissen, ich scheiße auf die Spritpreise. Achtung! Hier kommt der heilige Bio-Vincent, der sich als feuriger Elias verkleidet hat. Ich denke noch: »Tugend ist doch meist ein Mangel an Gelegenheit.« Die Autobahn quietscht unter mir durch, aber bei zweihundertdreißig wird es mir dann doch etwas ungemütlich. Unversehens bin ich näher bei Stuttgart als im Wonnegau. Verdammt! Die Braut ist entführt oder hat mich entführt. Die Spielregeln solcherlei Hochzeitsunfugs kenne ich nicht. Ich kenne nur meine. Okay, die Braut ist entführt und bleibt dort, wo sie am besten aufgehoben ist. Bei mir. Basta. »Liebste, dich gebe ich nimmer her!«

Daheim erwischt mich meine Frau. Sie hat sich gerade ein paar Kräutlein besorgt, um einen großen Wolfsbarsch zu dünsten. »Aha, Vinzle, ein neues Spielzeug. Wie viele Toys brauchst du eigentlich noch?« Gnädig nicke ich: »Ziemlich alt und kaputt, das Rädle. Du kennst doch den Guzziking Jens, der wollte das Ding verschrotten. Findest du nicht auch, dass das schade wäre?« »Nö, finde ich nicht. Hier ums Haus rum sieht es doch schon aus wie auf dem Schrottplatz. So schön ist unser Restaurant auch nicht, dass wir es uns leisten können, so ein Machogerümpel vor dem Haus stehen zu haben. Könntest du das Glumpp nicht weiter unten parken?« Ich mache das, subito. Ich mache alles, was meine Frau sagt. Ich rolle die Liaison amoureuse bzw. dangereuse etwas den Berg hinab und sitze wenig später brav bei Fisch und Frau und trinke den Riesling »Keller RR«. Die Welt, sie hat mich wieder. Dieser Wein ist der beste, den ich seit langem getrunken habe. Zu meiner Frau sage ich: »Rheinhessen, das sind gar keine Hessen. Die sind ähnlich wie Schwaben. Dort wird tiefgestapelt und versteckgespielt, da können wir Schwaben noch viel lernen.«

Wein, Weib und Gesang

Nüchtern zu schüchtern, betrunken aber umgesunken: Manches Männerschicksal lässt sich bündig in diese sechs Worte fassen. Gibt es eine innere Verbindung zwischen alkoholischem, sexuellem und gesanglichem Getöse? Es sieht ganz danach aus.

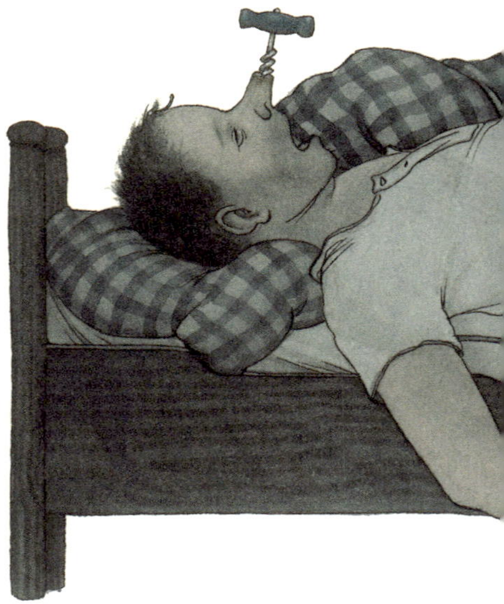

Wenn einer nicht trönke, fühlte er sich nicht oder doch immerhin weit weniger ermuntert, Frauen anzusprechen und später, wahlweise befeuert vom Glück oder angestachelt vom Unglück seiner Bemühungen, lärmend und singend heimwärts zu strunkeln.

So viel zu Wein, Weib und Gesang.

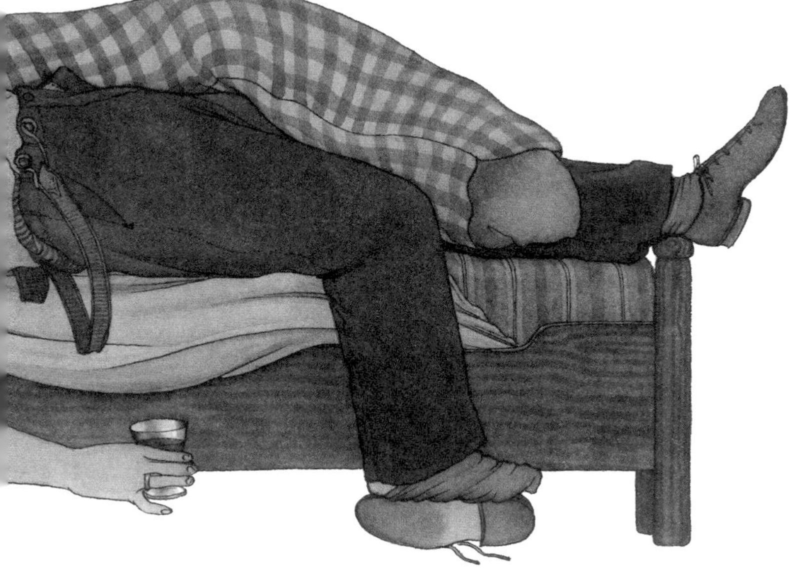

Zur Öko-Psychologie des Weinflaschenetikettenessens

In einem Bio-Supermarkt in der Nähe des Bahnhofs Kassel-Wilhelmshöhe kaufte ich Brot, Käse und Wein. Das Kulturgetränk hatte ein kleines Schild um den Hals hängen, ich las es mit wachsendem Staunen.

»Ein Vorbild für den Einklang zwischen Natur und Mensch: Bonterra Vineyards.

Bonterra Vineyards im Mendocino County in Nordkalifornien gehört zu den weltweit führenden Betrieben bei der Erzeugung von biologisch und biodynamisch angebauten Weinen. Bonterra Weine haben eine bis ins kleinste durchdachte Ausstattung. Beispielsweise wird nur in Flaschen aus recyceltem Glas abgefüllt und – Sie könnten das Etikett theoretisch essen, da es aus Kenaf-Pflanzenfasern mit einer Schrift aus Sojabohnenextrakt hergestellt ist.«

Ich fürchtete schon, ich hätte es ernsthaft an den Augen, aber das stand tatsächlich alles da: »Sie könnten das Etikett theoretisch essen.« Ökologische Lebensmittelerzeugung ist ja gut und richtig, aber man kann es auch übertreiben. Weinflaschenetiketten essen möchte ich nicht, nicht einmal theoretisch. Die seltsame Idee beschäftigte meine Fantasie: Ich sah fanatische Öks vor mir, die, eine Weinflasche quer vorm Munde, das Etikett vom Recyclingglas wegschmatzten und abknabberten. Um dann mit Kenafpapier und Sojaschrift im Halse Michael Holm nachzusingen: »Auf der Straße nach Mendocino, da fraß ich ein Etikett von einer Weinflasche, na-na-na-na-na …«

Ich ließ das Etikett, wo es war, entkorkte die Flasche, füllte ein Glas, schnitt Brot und Käse ab und begann eine Mahlzeit von einfacher, biblischer Güte. Der Wein schmeckte gut; dass er, wie ich auf der Rückseite des Informationsschildchens erfuhr, »ohne Verwendung von Kunstdünger, ohne Herbizide, Fungizide und andere chemisch-synthetische Pflanzenschutzmittel« erzeugt wird, will ich ohne Einschränkung loben.

Doch die bloße Vorstellung, Weinflaschenetiketten zu essen, entfaltet appetitzügelnde Wirkung. Ein leerer Bauch sinniert recht gern: Wie konnte diese sehr deutsch anmutende ökologische Konsequenz im sonnigen Kalifornien gedeihen? Als ich das Rauchverbotsschild im Hotelzimmer sah, ward es Licht: In Nichtraucherfanatikerparadiesen blüht der Wahn. Wo die körperliche Gesundheit über alles geht und zum einzigen Lebenskriterium erhoben wird, läuft der Geist aus dem Ruder. Gastgeber, die ihren Gästen das Rauchen untersagen, bieten ihnen zum Essen auch leere Weinflaschen an, zum Abnagen.

Erstes kleines Delirium

Weinsuppe

Die großen Erschütterungen sind es nicht, welche den Gang der Welt ruckartig verändern. Meist sind es die winzigen Anlässe, die sich zum Eruptiven auswachsen.

Mein Leben wurde radikal von einer Gemüsesuppe aus der Spur geworfen. Es war eine Garbüre. Eine passierte Suppe. Nicht durch Mehl oder Stärke wird sie gebunden, sondern durch ihre eigenen Zutaten. Eine Garbüre kann also für sich selbst sorgen, sich ganz von alleine dickmachen. Sie ist ein Symbol des Zerfalls, aber auch der Gemütlichkeit. Jedenfalls hat das Essen einer solchen Suppe auf mich eine sehr beruhigende Wirkung. Es kann aber auch anders kommen. Durch Hitzeeinwirkung zerfasern die Zutaten der Gemüsesuppe. In extremen Fällen werden sie zu Matsch. Eine Garbüre wird daraus, wenn sie so verdünnt wird, um als Suppe durchzugehen. In meiner Jugend gab es davon fast täglich, bis eine solche Kreation die Bindung zwischen Vater und Sohn zerfaserte.

Zu einem wirklich kreativen Konstrukt kam es damals erst durch das Zutun meines extrem hobbykochenden Vaters. Die normalerweise von Muttern zusammengekochte Suppe kam ohne seine Rettungsversuche nicht aus. Vater hatte durch Kriegserlebnisse Erfahrung in Kampfmittelbeseitigung. Es half nichts. Eines Tages kam eine Suppe auf den Tisch, die – gelinde gesagt – explosiv war und einen Keil zwischen die Generationen trieb.

Die Suppe war überarbeitet worden, nachdem Vater gemerkt hatte, dass der erste Entwurf nicht das verschleierte, um was es dem Vater ging.

Denn der Suppe ging es wie Paps: Beide kämpften gegen das Alter. Was im Topf vor sich hinsimmerte, das waren die Reste des Sonntagsessens. Die ganze Woche über hatten sie im Kühlschrank hinter anderen zweifelhaften Vorräten vor sich hinkompostiert, um nun endlich am Samstag, in hoher Not, der völligen Verderbnis entrissen zu werden.

Küchen sind traditionell Recyclingbiotope, und das ist auch völlig in Ordnung. Ein Großmeister der Küche behauptete sogar mal, und mit Recht: »Abfall ist die Mutter aller neuen Gerichte!« Wichtig ist nur, dass in einem Stadium recycelt wird, in dem man noch nicht an Fäulnis erinnert wird. Küchen sind Stätten von Massakern, da werden Fleischstücke gequält und Gemüse zum Schreien gebracht. Papas kulinarische Kreativwerkstatt war an jenem Samstag nahe an dem, was den Demetergärtner zum Entzücken bringt. Es roch heftig nach Komposthaufen, diesem absoluten Menetekel für den Gang der Welt. Der schwer an der Decke hängende Geruch sauren Gammelgemüses hatte bald den Ort der Handlung übernommen. Paps kämpfte um optimistischeres Aroma. Ein wildes Würzen begann. In einem Mörser zerstampfte er Nelken und Pimentkörner. Alsbald duftete es, als hätte man einige Wildschweine durch die Küche getrieben. So konnte es nicht weitergehen. Gemäß der goldenen Regel für schlechte Küche wurden immer mehr Zutaten in den Topf gepackt.

Der Alte schwitzte wie eine Sau. In seinem Küchenoutfit sah er aus wie ein Pilot, der auf alarmierend blinkende Armaturen starrt, die das finale »Grounding« anzeigen. Mamas putziges Schürzchen hatte er umgebunden. Meinem riesenhaften Vater, einem wahrlich teutonischen Brocken, hing die Schürze am Hals, als hätte man ihm ein Lätzchen umgebunden. Paps redete mittlerweile mit sich selbst. Er musste sich offensichtlich stabilisieren, um die Einsamkeit zu vertreiben, mit der er, allein und gottverlassen, gegen Naturgesetze des Verfalls ankämpfte. Ich hielt mich raus, hatte gerade meine Kochlehre hinter mir, einen gewaltigen Dünkel

und geradezu einen Ekel vor der ganzen Amateurkocherei. Vater hörte ich murmeln: »Etwas fehlt?« Etwas später stieß er ein »Ich hab's!« in den Küchendunst: »Ein wenig Eleganz fehlt!«

Die Speisekammer wurde aufgerissen, und ein wilder Blick strich über die Regale, gerade so, wie ein auf einem Floß treibender Schiffbrüchiger den Horizont nach einem Rettungsschiff absucht. Er wurde fündig. Als wäre es eine verheißungsvolle Flaschenpost, griff er nach einem Stumpen Weißwein. Es war ein Werbegeschenk, besser gesagt eine Treueprämie der örtlichen Sparkasse. Von diesen Instituten ist ja bekannt, dass sie nicht den Kunden reich machen wollen, sondern erst einmal nicht selbst verarmen wollen. Kurzum, der Wein war keine spendable Gabe, sondern ein infames Werbegeschenk. Ein »Präsent schandershalber«. So nennt man in unserer Gegend eine gewisse Gutmenschengroßzügigkeit, die sich nur deshalb abgerungen wird, damit die Konventionen gewahrt werden und man nicht der Schande anheimfällt.

Der Sparkassenwein – also der Stumpen, der Rest, der seit Wochen als Flaschengeist vor sich hinstarb, obwohl er schon vorher fast tot gewesen war – hatte von Anfang an firn und staubig geschmeckt und ein Bukett wie eine Gruft. Selbst frisch geöffnet hätte ich mich an ihm nicht vergriffen. So kam die Geschmacksnote, die man von der Abluft eines Staubsaugers kennt, mit dem man jahrhundertealte Partikel vom Dachboden geschlürft hat, fatalerweise ins Gebrodel.

Entweder war Vater nasentaub, oder er dachte an die beklagenswerte Langmut der Kläranlage, die er nicht noch zusätzlich quälen wollte. Der Wein kam nicht in den Ausguss, sondern in die Suppe, die noch in der Schöpfungsphase als »Prototyp« der Endfertigung entgegensah. Vater, der Verwertungsweltmeister, war mit seinem Werk noch nicht zufrieden. Er hatte die Übersicht verloren, die ich mehr und mehr gewann: Der Mann stand auf verlorenem Posten, ein Fall für totale Kapitulation.

Kreative muss man machen lassen. Die ganzen Endorphine machen diese Leute beratungsresistent, sie agieren so weit über den Realitäten, dass man besser in Deckung geht.

Vater hatte mich immer angeleitet, so wenig wie möglich zu versuchen, mit Lügen durchs Leben zu kommen. Die ganze Familie saß nun im »Stüble« und löffelte. Wer für die Familie kochte, hatte sich daran gewöhnt, dass das Essen am Familientisch als Notwendigkeit und fast immer ohne Kommentar gegessen wurde. Denn ist das Essen gut, haben alle so einen Appetit, dass man an den Dank für Koch oder Köchin nicht denkt. Ist das Essen einigermaßen, lohnt sich ein Kommentar nicht. Und ist es total daneben, dann sind alle so unter Schock, dass man lieber sein Maul hält.

Maul halten? So war ich nicht erzogen, hätte mich sicherlich aber defensiv still gehalten, wäre der Alte nicht in provozierende Anerkennungsbettelei verfallen: »Schmeckt gut, was?« Der Küchenchef saß hoch aufgerichtet und wartete, dass sein Befehl abgenickt wurde. Er schaute mich an, ich war ja schließlich der Profi. Im Grunde hatte er, wenn man die desaströsen Ausgangsprodukte berücksichtigte, wirkliche Kochkunst erzwungen. Gewiss, ich hätte unter Berücksichtigung seines Heroismus nachsichtig urteilen können. Andererseits war nun Gelegenheit, ihm auch mal eine reinzuwürgen: »Die Suppe schmeckt beschissen!« Mehr warf ich nicht in die Runde, aber das war für ein Familienoberhaupt, das sich noch in absolutistischen Maßstäben einordnete, entschieden zu viel. »Verschwinde! Raus hier! Hau ab!« Der Alte schrie wie am Spieß. Ich reagierte ebenso überhitzt und stieß nach Luft schnappend leider nicht so gefestigt aus, wie mir lieb gewesen wäre: »Ja, ich geh' ja schon.« Ich war total sauer. Schnell wurde alles zusammengepackt, was man so seine Habe nennt. Der ganze jugendliche Hausstand wurde vor die Türe geschafft. Dann holte ich meinen Mercedes 190 D, den ich nicht vor dem Haus parken durfte, weil die Eltern sich für die Schrottkarre schämten. Es war ihnen peinlich, dass

Gegen 23 Uhr 10 wurde dem Champagner übel.

ich dieses Objekt der Schande nicht gutbürgerlich übertüncht, also geputzt, geflickt und die Schäden kaschiert hatte. Eben ganz so, wie die Eltern den Nachbarn immer schöneren Besitz vorführen wollten, als wirklich vorhanden war. Ich dagegen hatte die Kiste bemalt, als hätte sie unlängst an einem Daytona-Rennen teilgenommen. Mein Krempel wurde ins Auto gestopft und grußlos verließ ich den Hof.

Ab ging es in die Pfalz zu einem Schulfreund, der ein heruntergekommenes Weingut bewirtschaftete. Erst ein Jahr später kehrte ich zurück. In der Pfalz lernte ich das Weinpanschen. Einen lehrreicheren Start zur Karriere als Weinconnaisseur kann man sich nicht vorstellen.

Weinprobe à la française

Leidvolle Erfahrungen der Jugendzeit lehren den Menschen, dass es nicht ratsam ist, alles durcheinanderzutrinken. Das führt zu Karussellfahrten im Kopf, zum Brodeln der Säfte und zu qualvoller Porzellananbetung. Warum also sollte man freiwillig an einer Weinprobe teilnehmen?

Der Zufall wollte es, dass ich auch diese Hürde nähme. Unterwegs, um für Abendessen und Abendtrinken einzukaufen, betrat ich das Weinkontor meines Vertrauens – jedenfalls war es das bis dahin gewesen. Der kleine Laden war ungewohnt prall gefüllt. Der Besitzer hatte zur Weinprobe geladen, und das Probieren und Studieren war in vollem Gange. Frauen und Männer steckten ihre Nasen in Gläser, schnüffelten, schnupperten und schnoberten vernehmlich, tranken schlückchenweise, setzten bedeutsame Mienen auf und teilten einander mit, was für Aromen sie errochen oder erschmeckt hatten oder doch wenigstens haben wollten. Das Wort »Beerenwunder« fiel, der Tonfall war hymnisch. Das Bärenwunder Bruno hätte hier reichlich Arbeit gefunden.

Der Weinhändler schien zufrieden; ich wollte, allein schon aus egoistischen Motiven, dass es ihm gut ging und dass sein Laden sich hielt. Der war gut sortiert und zu Fuß zu erreichen, und der Weinhändler war nicht geldgierig. Von meiner Kundentätigkeit und der einiger anderer zuverlässiger Abnehmer allein konnte er nicht leben, sosehr wir uns auch anstrengten; er musste trommeln und klappern, werben und akquirieren.

Weinkäufer sind eine besondere Klientel; vielen geht es um mehr als um einen guten Begleiter zum Essen oder um den Swing eines angenehmen kleinen Rausches. Wein ist längst ein Statusobjekt, demonstrativ ausgestellte Weinkennerschaft ist die kulturelle Ergänzung zur riesigen Uhr am Herrenhandgelenk. Wer einen Löffel und ein Glas halbwegs festhalten kann, wird zum Genießer ernannt. Das Bürgertum hat sich freiwillig unter das Joch des Genusszwangs begeben und taumelt von einem Genussereignis zum nächsten. Es heißt aber nicht mehr Ereignis, man sagt Event.

Der Weinhändler folgte dem Eventtrend. Was sollte er machen? Der Laden war seine Existenz. Wenn potentielle Kunden Sperenzchen wollten, eine Gelegenheit, den Weinexperten zu spielen und, nicht zu vergessen, ein paar Gläser gratis, dann bot er ihnen genau das an und veranstaltete Weinproben. Bitte dreh den Genussheinzen und Schnorrern ein paar richtig teure Flaschen an, dachte ich im Stillen, dann kann ich an weinprobefreien Tagen hier auch weiterhin in Ruhe Wein kaufen.

Ein Weinprobierer sprach den Weinhändler an. Ob er ein neues Glas bekommen könne? Er wolle gern einen anderen Wein versuchen, es sei aber noch ein kleiner Rest vom vorherigen Wein unten im Glas. Der Weinhändler sah ihn freundlich an. »Da brauchen Sie doch kein neues Glas«, sagte er. »Wir avinieren das alte.« Sprach's, goss etwas Wein in das Glas, ließ ihn kreisen und schüttete ihn in die Spüle. Dann goss er aus derselben Flasche nach. »Bitte sehr – aviniert.«

Dem Weinprobanden stand der Mund offen. Er war sich nicht sicher: Hatte man ihn verladen und veräppelt, oder hatte er etwas gelernt und einen kulturellen Distinktionsgewinn errungen, wie er das wohl genannt hätte? »Probieren Sie«, sagte der Weinhändler beruhigend. »Es ist alles in Ordnung. Die Franzosen machen das auch so.«

Ich kaufte ein paar Flaschen, stieg den Event-Everest wieder hinab und ging meiner Wege. Zu Hause würden meine Gäste und ich unsere Gläser avinieren und leeren, bis zur Neige. A la neige, wie der Franzose sagt.

Kann dieses Jahr getrunken werden.

Wine and Roses

Es gibt Winzer, die preisen ihre Weine an, da ahnt man die Poeten. Dann gibt es noch das Gesülze der angetrunkenen Weinjournalisten, die im Wein den Kosmos der Seligkeit ahnen. Manche dieser Weinschreiber lesen ihr Zeugs anderntags offensichtlich nicht. Am nächsten Morgen, wenn der Brummschädel, bei mittlerweile hoher Sonne, durch die Tabletten gebrochen ist, würden sie merken, dass der Wein ihrer Buchstaben-Blütenlese nicht gerecht wird. Oft aber ist sauerster Wein ein Gedicht im Vergleich zur Blütenlese der schreibenden Weinromantiker, die auf der Suche nach der blauen Blume diese Farbe selbst annahmen.

Was aber ist mit den Winzern los, die ihre Weinzeilen mit Blumen schmücken? Nicht mit blauen Hirnblüten, sondern mit Rosen, roten Rosen in allen Schattierungen. Von durchsichtigem Rosa bis zu kräftiger Blutfarbe, so zeigen sich Rosenbüsche an den Begrenzungen der Weinberge. Wer einem Winzer mal die Hand gegeben und sich daran die Haut aufgerissen hat, ahnt, dass die Behübschung des Weinbergs nichts mit Ortsverschönerung zu tun hat. Tüchtige Winzer haben durchaus einen Sinn für Schönheit. Der Beruf ist aber so hart, dass man sich nur selten zusätzliches Hacken, Schneiden, Ausputzen und sonstige Pflanzenpflege leistet, und das auch noch bei Pflanzen, die keinen Ertrag bringen.

Es sei verraten: Rosen sind das Lieblingsfutter von sogenannten Schädlingen, also Tierchen, die sich bevorzugt an den Säften der Pflanze laben. Sie fallen gerne über die Rosen her, und wenn dort nichts mehr zu holen ist, dann kommen die Weinstöcke auf die Speisekarte.

Um einen kleinen Nachdenklichkeitsfaktor in die hier geschriebenen Zeilen zu befördern, sei angemerkt, dass auch der Mensch sich später über die reifen Reben hermachen möchte. Er selbst nennt sich ungern und selten einen Schädling, was ihm leichtfällt. Betrachtet man die Welt ausschließlich von seinem Ego aus, sind immer die anderen die Bösen.

Aber lassen wir das, denn die ganze Arbeit im Weinberg, vom Kratzen in der Erde bis zum fertigen Wein, diese übers Jahr verteilte Fron dient unserem Genuss, einer großen, langen Kultur und auch der Lebenserhaltung des Weinbauern. Er ist auf die reifen Reben scharf. Und die Rose ist sozusagen seine Alarmanlage, damit er rechtzeitig der Invasion von Blattläusen und sonstigen gefräßigen Viechern begegnen kann.

Es gibt natürlich jede Menge Weinmacher, die sich weniger der Pflege des Weinbergs widmen, weil sie wissen, dass im Weinkeller mit Chemie und Mechanik alles wieder geradegebogen werden kann. Danach geht das Konstrukt möglichst ab in die Flasche und in den Handel, der auf egalisierte, im Windkanal designte Weine liebend gerne zugreift. Je weniger Ecken und Kanten, je flacher ein Wein, umso weniger kratzen sich die Jungtrinker und die breite Masse daran. Diese liebt alles, solange es gefällig und problemlos einzuverleiben ist.

Die Mehrzahl der Abermillionen gehandelten Flaschen verdankt auch den Glasbläsern viel, sie erinnern an Flakons. Glas ist geduldig. Eigentlich müsste so manche Buddel beim Einfüllen zu schreien beginnen oder sich genauso verbiegen, wie der Wein es hat tun müssen, um ein technisch einwandfreies Produkt zu werden. Weindesign, innen und außen, das ist keine Seltenheit mehr. Es geht auch anders: Guter Wein entsteht im Weinberg, und wenn er wirklich sein Geld wert sein soll, dann muss man ihn auch unbeschadet trinken können.

Während ich hier sitze und das schreibe, hängen an meinen unter dem Tisch geparkten Füßen keine Jesuslatschen. Ich bin kein Bioapostel. Nein, ich hoffe, dass mein Verstand nicht darunter gelitten hat, dass ich letztes Jahr, bei einer Wein-Wanderung an den Gestaden des Bodensees, in den Gasangriff eines Spritzmitteltraktors geriet.

Leute, ich weiß, was Gift ist. Vor Jahren hatte ich einen Stammgast, der war Gärtner und fand mich im Foyer des Restaurants traurig an meinem moribunden Zitronenbäumchen kratzen. Ich schrammte die Verdeckelungen der Schildläuse von den Blättern, eine nach der anderen. Am nächsten Tag stand der Mann als Freund des Hauses wieder an der Türe. Eugen hieß er und sprach in der dritten Person mit sich selbst: »Der Eugen kennt sich aus«, begann er, »Vincent, dein Bäumle kannsch mit deiner grünen Gesinnung net retta! Hier tu einige Tropfe in dein Gießwasser, dann wirsch sehe, älles gedeiht. Ebbes Besseres gibt es nicht. Zeig's aber niemand, s'isch verbote. Du weischt ja, alles, was an Wert hat, wird verbota!« Ich nahm die Flasche an mich. Sie war aus purem Aluminium und sah aus, wie heutzutage schwer angesagtes Aftershave für harte Kerle gehandelt wird. Es stand E605 drauf. Eugen verabschiedete sich mit den mahnenden Worten: »Lass es net rumstehen, damit kannsch ganz Stuagartt leerräumen. Ond wenn deine Zitrona reif send, dann ess ja keine davon!« Alles klar. Die Zukunft brachte einen unglaublich schönen Zitronenbaum hervor. Da ich mich damals nicht über üppigen Zuspruch der Gäste freuen konnte, sie sozusagen einzeln mit dem Lasso einfing, verbrachte ich viel Zeit damit, die Zitronen zu bewachen und zu ernten, bevor ein Gast sich dran vergreifen konnte und eine stibitzte, um damit seinen heimischen Tee in eine Art Höllenfahrt umzuwürzen.

Rede mir ja niemand von der guten alten Zeit, als DDT und E605 als Segen der Menschheit gefeiert wurden. Allenfalls sind diese Substanzen durch jahrzehntelange Selbstversuche ein Beweis für die robuste Natur des Menschen. Da hat sich einiges geändert, aber völlig giftfreies Leben, oder sogar Genießen, ist nicht mehr möglich. Alles ist kontaminiert. Mal mehr, mal weniger. Als Trinkender und Essender kann man jedoch den gesamten Input an Schadstoffen etwas steuern, indem die Nahrungsmittel und auch die Weine mit Bedacht gewählt werden. Ja, trotz allem, man hat immer noch Möglichkeiten für gute Kompromisse. Das gesamte Dasein unterliegt dem Gegensätzlichen, dem Plus und Minus. Einerseits wurde vieles schlechter, andererseits stemmen sich nachdenkliche Leute gegen das Vergiften des Planeten.

Es hat sich zum Wohle der Weintrinker viel getan. Das begann damit, dass die Winzer – dank arbeitserleichternder Maschinen – sich endlich das Zeitunglesen und Radiohören leisten konnten. Wenig später schafften es ihre Söhne auf Landwirtschaftsschulen, in Weinbauseminare und gar auf Universitäten. Die Gifte wurden raffinierter, zum Teil sogar bienenverträglich (na ja), und der Landmann lernte den Begriff »Dosierung«. Hieß es früher immer »Viel hilft viel«, waren alsbald Spritzpläne angesagt. Der wirtschaftliche Spielraum der Winzer wurde immer enger und die Segnungen der Chemie immer teurer. So kam es zum integrierten Landbau, einer Art Gütesiegel für Gärtner, Bauern und Winzer, die gewillt waren, rechnend einzuteilen und nicht einfach mit trübem Augenmaß eine noch trübere Brühe zusammenzudoktern. Trotzdem werden die Pflanzen immer noch heftig malträtiert, von den Insekten ganz zu schweigen, die beim Anblick des Winzers schon k. o. gehen. Mein Schwager beispielsweise, nicht Winzer, sondern Landwirt, stellte vor vielen Jahren seinen Landwirtschaftsbetrieb auf Bio um. Er konvertierte, nicht weil er plötzlich zu einem gottgefälligen Gewissen fand oder sonstige gutmenschliche Anfälle ihn niederrangen, nein, er konnte sich vor lauter Gesichtspusteln und Afterpickeln kaum mehr auf seinem Traktor halten. Gott sei's geklagt: Landmann ist einer der gefährlichsten Berufe auf diesem Erdenknödel. Für Winzer lohnt es sich, die Weinberge mit Rosen zu bepflanzen: lieber dort als auf dem Grab.

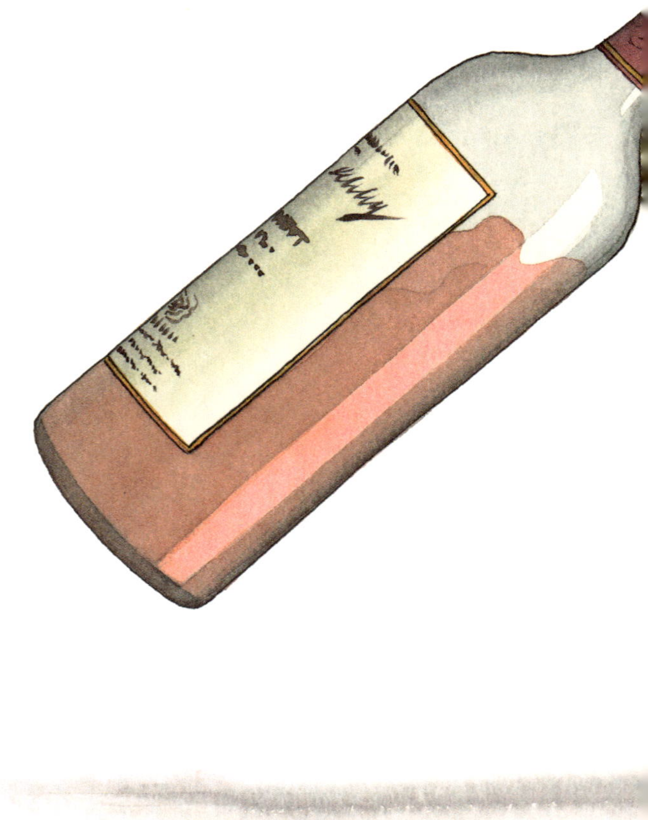

Sicher für uns! Wein und Comics

Wie kommt der Mensch zum Wein? Wenn ihm die Muttermilch abgedreht wird, ist er für Wein noch viel zu klein. Ein langer weinloser Weg liegt vor ihm. Milch bekommt er zu trinken, Kuhmilch. Als ich lesen gelernt hatte, sah ich, dass die Milch pasteurisiert war. Was hatte denn der Pastor mit der Milch zu tun? Pastorisierte der schwarze Mann die Milch? Wie und warum machte er das, wozu war das gut? Probierte er die Milch? War sie pastorisiert, wenn er sie für gut befunden hatte? Besprach er sie? Betete er sie gesund? Und gab es auch unpastorisierte Milch? Für Kinder, die nicht am Gottesdienst teilnahmen? War das dann Heidenmilch?

Ich wollte alles wissen und fragte. Meine Eltern lachten sich kaputt, dann erklärten sie mir den Unterschied zwischen Louis Pasteur und dem Pastor – hie Wissenschaft, da Glaube. Ich verstand das noch nicht richtig, kapierte aber, dass der Pastor nichts mit der Milch zu tun hatte. Das war vielleicht auch besser so; von der Milch der frommen Denkungsart hatte ich noch nichts gehört, Schillers Wilhelm Tell kam erst viel später, wie auch die Milch für die Mädchenrechnung. Doch die pastorenlose Milch war eine Enttäuschung. Die sogenannte Wirklichkeit blieb weit hinter der Vorstellungskraft zurück. So ist es ja meistens, das ist der Fluch der Fantasie.

Das Lesen gab ich deshalb nicht auf. Meine Großmutter schmuggelte Comics, die im Elternhaus eher verpönt waren, in die Kinderstube ein. So lernte ich einen kleinen, klugen gallischen Krieger kennen, der Ziegenmilch trank: Asterix. In manchen der Bände spielte auch Wein eine Rolle.

Eine erste Einführung in das Thema Wein und Gesang gab es in »Asterix als Gladiator«. Der furchtbare Barde Troubadix singt, für den Leser unsichtbar, in einem römischen Kerker sein Lied »Ich trink den Wein nicht gern allein …«, während sein Bewacher vor dem Zellengitter kniet und ihn anfleht: »Erbarmen! Ich geb dir alles, was du willst. Aber hör mit dem Geschrei auf!« Ich hatte noch keinen Tropfen Wein getrunken, und doch war Wein schon ein Quell der Freude.

Die Autoren René Goscinny und Albert Uderzo waren Franzosen, und in ihren Alben tauchten regelmäßig Römer auf, Italiener also, die zum Wein ein ebenso traditionell inniges Verhältnis pflegen wie die Gallier. Wein war trotz der vor allem jungen Leserschaft nicht tabu. In »Asterix bei den Briten« veranstaltet Obelix, der beste Freund von Asterix, ein wildes Gelage im Weinkeller des römischen Statthalters. »Dass iss gefährlich! Hicks! Aber schöön!«, lallt er rotnasig. Er fängt zu singen an, »Trink, trink,

Tückischer Sommelier

Asterix trink, lass doch die Sorgen zu Haus … / Trink, trink, Asterix trink, das ist der beeste Schmaus« und bringt damit sich und seine Freunde in große Gefahr. Als Asterix ihn zurechtweist, verflüssigt sich Obelix in Selbstmitleid und schluchzt: »Buhuuu! Du magst mich nicht, Asterix!« Das Ganze endet in einer mittleren Katastrophe, zu der es ohne seine Betrunkenheit nicht gekommen wäre. Ohne im Mindesten aufdringlich anpädagogisiert worden zu sein, merkt der junge Leser: Es liegt kein Segen auf dem Saufen. Es sieht vielleicht lustig aus, aber man macht sich zur Nuss und hat nichts als Scherereien davon.

In »Asterix bei den Schweizern« kommentiert Agrippus Virus, Statthalter von Condate, dem heutigen Rennes, den Auftritt einiger sehr fülliger Tänzerinnen mit dem Satz: »Wein her! Das ist zum Weinen!« Dieser Ausspruch ist längst kanonisiert und fester Bestandteil des deutschen Zitatenschatzes. In »Asterix auf Korsika« schuf Texter Goscinny einen weiteren Klassiker, indem er den korsischen Wirt Panschnix in seinem Café in Marseille zu seiner Frau sagen ließ: »Reseda, bring Wein und Wurst! Aber nicht von dem Zeug für Gäste!« Ist der Verzweiflung von Restaurantgästen jemals ein eindrücklicheres Denkmal gesetzt worden?

Parallel zu »Asterix« las ich die »Tim und Struppi«-Hefte des belgischen Zeichners Georges Rémi, genannt Hergé. Seine Abenteuergeschichten zielen nicht ausschließlich auf komische Wirkungen, sind aber stets humorvoll erzählt. Zur tragenden Säule in Hergés Universum wurde Käpt'n Haddock, ein Trinker, Chaosverursacher und Meister der verblüffenden, den Gegner entwaffnenden rhetorischen Attacke. In seinem meisterlich erzählten und gezeichneten Album »Der Fall Bienlein« verschafft Hergé seinem Geschöpf Haddock einen Großauftritt als hartnäckiger Saufaus und Weinschlauch.

Zentrale Figur des Geschehens ist eine Flasche Wein, die Haddock in einem Haus entdeckt, in das Tim und er auf der Suche nach Bienlein ungebeten eindringen. Als er sie auf einem Tisch stehen sieht, sagt Haddock wie aus der Pistole geschossen: »Eine Flasche und zwei Gläser. Sicher für uns!« Bei jedem Wiederlesen staune ich über die überwältigende Chuzpe dieses Satzes. »Sicher für uns« – die Selbstverständlichkeit der Aneignung des Benötigten und Ersehnten ist beispiellos. Durchtrieben ist Haddock auch noch: Tim trinkt niemals Alkohol, dennoch sagt Haddock nicht: »Sicher für mich.« Sondern eben: »Sicher für uns.« Schon in diesen drei Worten ist das Genie Hergés komprimiert.

So schnell, wie er erkennt und zufassend spricht, kommt Haddock jedoch nicht zum Zug. Zwar schenkt er sich gleich ein Glas voll, es gelingt ihm aber nicht, den Wein auch wie geplant sogleich in sich hinüber zu leiten. Immer wenn er ansetzen will, kommt ihm etwas dazwischen. Gemeinsam mit Tim befreit Haddock den Hausherrn, einen Professor Topolino, aus dem Kohlenkeller. Zu dritt sitzen sie am Tisch, auf dem die Weinflasche steht. Während Tim und Topolino versuchen, die Hintergründe der Entführung von Professor Bienlein zu beleuchten, lenkt Haddock das Gespräch immer wieder auf den Wein: »Sehr lustig, nicht? Sie haben ein Glas in der Hand und plötzlich …« Er leckt sich demonstrativ

die Lippen und unternimmt einen neuen Vorstoß: »Wir hatten nicht mal Zeit, einen zu trinken …«

Topolino reagiert nicht, Haddock setzt nach: »Ekelhaftes Wasser! Wenn ich da an die Schweizer Weine denke …« Die Erfolglosigkeit seiner Bemühungen entmutigt Haddock nicht: »Nach dem Kohlenstaub bin ich irrsinnig durstig … Sie nicht?« Wieder erfolgt keine Reaktion; Haddock nimmt die Flasche in die Hände: »Oh, ein 47er!« Weil auch das zu nichts führt; bohrt Haddock weiter: »Sieht gut aus, Ihr Wein!« Tim und Topolino nehmen keine Notiz davon und sprechen weiter über Bienlein. Haddock schaltet sich ein: »Der Wein war für ihn?« Endlich reagiert Topolino und sagt die Zauberworte: »Bitte bedienen Sie sich!«

Das lässt sich Haddock nicht zweimal sagen, aber dann wird es wieder nichts: Als er das Glas hebt, explodiert eine Bombe und zerstört Topolinos Haus. Haddock wird von Feuerwehrleuten aus den Trümmern geborgen. Mit beiden Händen hält er die Weinflasche umklammert. »Es hat schon so viel Scherben gegeben … Da wollte ich diese Flasche retten …«, erklärt er den Feuerwehrmännern und sagt ihnen noch, wonach sie suchen müssen: »Schnell! Wir waren drei und ein Hund …« Dann nimmt er die Flasche direkt vor den Hals und trinkt sie aus. »Ahh! Gluck … Gluck … Und jetzt ohnmächtig werden …«

Dass solche komischen Bilder und Dialoge Kinder und Jugendliche zum Alkoholabusus anstiften und verführen, möchte ich bezweifeln. Aber lebenslang komisch sind sie allemal. Sicher für uns!

P. S.: Pastorisierte Milch gibt es zwar nicht, pastorisierten Wein allerdings schon: Im Judentum spricht der Rabbi den Wein koscher, und beim christlichen Abendmahl bebrummelt der Pfarrer den Wein, auf dass er gesegnet sei – nicht nur der Wein, sondern eben auch der Pfarrer selbst. Wie doch die Funktionäre des Gläubischen danach trachten, sich unverzichtbar zu machen. Sicher nicht für mich.

Neun Vorschläge zur Rettung der Korkeiche

Bœuf Bourguignon (Burgunder Rindfleisch)

Speckwürfel in einer großen Deckelkasserolle mit etwas Olivenöl anbraten. Die geschälten Schalotten unzerteilt dazugeben und unter Rühren rund 15 Min. mitbraten. Die geviertelten Champignons dazugeben und ebenfalls anbraten. Dann alles zugedeckt knapp 10 Min. schmoren lassen. Das Gemüse und den Speck aus der Kasserolle nehmen und beiseite stellen.

Rinderhaxenfleisch ist sicher das zäheste, was man sich von einem Rindvieh besorgen kann. Man muss es langsam und sehr lange garen, bis es weich ist. Das kann bis zu 3 Stunden in Anspruch nehmen. Man kennt es ja von den Kalbshaxen, das Fleisch ist von unzähligen Sehnen durchzogen. Sind diese endlich weichgegart, dann geben sie dem Fleisch eine ungeahnte Saftigkeit. Fettphobiker meinen oft, dass die Sehnen, dieses Gallert, das pure Fett sind und gewaltig auf die Hüften schlagen. Das Gegenteil ist aber der Fall, Haxenfleisch ist nahezu fettlos, und die weichgekochten, gelatinösen Marmorierungen enthalten so gut wie keine Kalorien.

Die Fleischstücke in der großen Deckelkasserolle mit etwas Olivenöl rundum anbraten. Herausnehmen, abtropfen lassen und wieder in die Kasserolle geben, leicht salzen und pfeffern. Das Kräutersträußchen dazwischenlegen. Die klein gewürfelten Karotten und die gehackten Zwiebeln dazugeben. Knoblauch schälen, leicht zerdrücken und ebenfalls dazugeben. Alles zugedeckt ungefähr 1 Stunde schmoren lassen, dabei

Bœuf Bourguignon (Burgunder Rindfleisch)

Zutaten für 6 bis 8 Personen

200 g	durchwachsener Speck, klein gewürfelt
5 EL	Olivenöl
30	walnussgroße Schalotten
400 g	Champignons
2 kg	Rinderhaxe, in ungefähr 4 cm große Würfel geschnitten
	Meersalz, Pfeffer aus der Mühle
1	Kräutersträußchen
	(Petersilie, 1 Lorbeerblatt, 3 Thymianzweige)
3	Karotten, klein gewürfelt
2	Zwiebeln, fein gehackt
2	Knoblauchzehen
1/4 l	kräftige Rindfleischbrühe
1 EL	Tomatenmark
1 Prise	Zucker
1 l	roter Burgunder

immer wieder den Bratensatz mit etwas Brühe lösen. Dann Tomatenmark und Zucker unterrühren und alles weiterschmoren lassen. Nun nach und nach den Rotwein angießen. Ist das Fleisch nach ungefähr 3 Stunden annähernd weich, ist auch der Wein um die Hälfte reduziert, also eingekocht. Bei diesem Vorgang können wir das in allen Lebensbereichen geltende Phänomen beobachten, das mein Opa in schwäbischer Mundart lakonisch folgendermaßen festzurrte: »Das Gute geht, der Scheiß bleibt!« Es ist also wichtig, wirklich guten Burgunder zu nehmen, sodass garantiert nur Gutes übrig bleibt.

Ganz korrekt wird das fertig geschmorte Fleisch nun »ausgestochen«. Dazu die Fleischstücke mit einer langen Spießgabel einzeln herausnehmen, am Topfrand abklopfen und relativ »trocken« in einen anderen Topf verfrachten.

Das Kräutersträußchen aus dem Topf nehmen. Die verbliebene Sauce mit dem zerfallenen Röstgemüse wird mit dem Pürierstab zerkleinert und nach Wunsch noch mit etwas Mehlbutter gebunden. Nun kommen das Fleisch und die gebratenen Pilze wieder dazu. Das Rindfleisch abschmecken und mit frischem Baguette servieren.

Zweites kleines Delirium

Frühstückswein und Entenhaut

Es gibt nicht nur ärgerliche Neologismen, sondern auch neue Wörter, die herzlich willkommen sind in der deutschen Sprache, weil sie auf instinktive oder kluge Weise verblüffen, weil sie andere Sicht- und Betrachtungsweisen offenbaren, weil sie die Welt bereichern, statt sie niedrig und dumm zu machen. Bei einem Besuch der Stadt Zürich wurde meiner Liebsten, unserem Gastgeber und mir in der Bar der »Kronenhalle« am späten Vormittag ein überraschendes Angebot gemacht. Obwohl wir Kaffee und Gebäck zu bestellen versuchten, teilte der smarte Kellner uns sehr souverän mit, er habe da einen vorzüglichen »Frühstückswein«, den er uns unbedingt ans Herz legen könne. Von einem Frühstückswein hatten wir noch nie gehört; unser Erstaunen war so groß wie die Zeit unseres Zweifelns und Bedenkens kurz. Wir akzeptierten: also gut, Frühstückswein und Gebäck, schließlich ist die Kombination von Wein und Kuchen durch die Brüder Grimm nicht nur in der Kulinarik, sondern auch in der Sprache ein Klassiker. Und dann bekamen wir etwas Feines, Leichtes, Weißes, Schweizerisches – und zu diesem ei-ei-ei-ei auch noch ein neues Wort mit »ei«: Frühstückswein. So wurden Sprache und Leben um eine bisher ungeahnte Perspektive ergänzt: Vom Frühstückswein aus betrachtet sieht die Welt anders aus.

Ein ähnlich schönes Überraschungsgeschenk machte uns ein stark rumänisch wirkender Saunagast, der in einer Leipziger Therme darüber klagte, es sei ihm nicht heiß genug; er friere und habe sogar schon »Entenhaut«. Mancher sächsische Saunist lachte abschätzig über diesen vermeintlichen Schnitzer eines Ausländers. Das Wort »Entenhaut« ist aber genauso gut geeignet zur Beschreibung einer durchfröstelten Hautoberfläche wie das landesübliche »Gänsehaut«, und weil sie darüber hinaus auch viel seltener verwendet wird, werde ich ab nun die Entenhaut der Gänsehaut vorziehen.

Bei Enten und Gänsen kommen wir zum Hocherfreulichen: dem herbst- und winterlichen Verzehr des Geflügeltiers. Paul Hirsch stellt im elsässischen La Wantzenau unweit Straßburg Lebensmittel von größter Wucht her: Foie Gras, Gänseleberpastete; Wachteln mit Gänseleberpastete; Entenbrust mit Gänseleberpastete gefüllt. Man schmeckt bei jedem Bissen: Diese Pastete hat es in sich – und will bewältigt sein. Georg Hirsch, Gründer des bäuerlichen Familienbetriebs, hat sein Leben lang seine eigenen Erzeugnisse verputzt, seine eigenen Schwerstoffe – was ihm im Dorf den Namen »Gallen-Schorsch« eintrug, denn so viel Foie Gras muss man erst mal packen als malträtierte Gallenblase, ohne in die Kolik abzurauschen. Und klingt Kolik nicht nach Katholik? Nach einem, der mit Gänseleberpastete fastet und dazu einen guten Frühstückswein durch die Gurgel laufen lässt? O doch, so klingt das, haargenau.

Kleiner erledigter Flaschenteufel

Aus der Forschung: *Frauen vertragen viel mehr Wein, als sie zugeben.*

Von der Küche ins Nest

Das kommt auch mal vor. Ich hänge gefährlich schräg in einem Gartenstuhl, der üblichen Plastikscheußlichkeit, die Stuttgart mit allen anderen Städten dieser Welt verbindet. Dösend und am Espresso nippend blinzle ich verschwommenen Blicks auf vorbeistöckelnde schöne Geschöpfe. Es ist arg warm. Stuttgarts Bewohner sind nur mit dem Nötigsten bekleidet. Das macht sich bei Frauen besonders gut, jedenfalls besser als bei mir. Hennes und Mauritz haben offensichtlich gerade ein Bustier auf den Markt geworfen, das für den asiatischen Teenager-Markt bestimmt war. Selbst sehr schlanke Stuttgarterinnen wirken auf herrliche Weise prall. Ich genieße die Aussicht und scanne immer wieder ein helles Dekolleté ab. Alles friedlich, alles ruhig und ich frage mich mit den Worten Peter Rühmkorfs: Bin ich noch Seher oder schon Spanner?

Mir ist gar nicht langweilig. Am Nebentisch rumort eine Rotte Frauen mit asymmetrischem Haarschnitt, Kinderwagen und plärrendem Inhalt. Lauthals und ausladend dramatisch besprechen sie Problemzonen. Die liegen offensichtlich nicht im Irak, Afghanistan, Palästina oder Mazedonien. Es geht um Bindegewebsschwäche, Sportstudios und Waschbrettbauchgazetten für Dreißigjährige mit Endlifecrisis. Das macht Durst. Ich bestelle einen Campari. Der hilft gegen den Tinnitus der nachbarlichen Menschelei und schärft den Blick fürs Wesentliche.

Zwei Tische weiter, hoppla! Mitte dreißig und auch in ein H&M-Minimalstretch eingespannt. Es passt nicht alles unter den Stoff. Der Rest macht mich aber wach, als hätte ich mir einen doppelten Espresso intravenös eingetan.

Ist das nicht Hilde? Die eigentlich ganz braven und unterhaltsamen Mütter sind sofort vergessen. Ist sie's? Kein Zweifel, in Mathe hatte ich zwar immer eine Fünf, aber Oberweiten kann ich mir gut merken. Fast wäre mir ein »Jesses!« durch die Lippen geschlüpft.

Hilde war genau mein Geschmack. Keine langweilige Titelschönheit, sondern mit einer Aura ausgestattet, die kein Fotoobjektiv einfangen könnte: die Nase groß, der Mund breit und gar nicht schwäbisch sparschlitzig. Die Augen, der Arsch – na ja, eigentlich war alles wunderbar groß an ihr. Hätte ich auf die Schöpfungsgeschichte – leider war ich beim Countdown nicht dabei – wenigstens etwas Einfluss nehmen können, so hätte ich mir alle Frauen formatfüllend konstruiert. Doch halt! Bei dem Gedanken ertappe ich mich, dass ich nicht dazu berufen bin, eine eigene Monotheokratie auf die Beine zu stellen. Da gebe ich besser einsichtig meinem Vater recht, der mir einbläute, dass genau die Frau am schönsten sei, in die man sich momentan gerade verliebt habe.

Ach Hilde! Sie lässt meine Gedanken nicht weiter abschweifen. Superlocker, also total verkrampft, stürze ich an ihren Tisch und mache mir gleich den Stuhl neben ihr frei. Ihre dort geparkte Einkaufstüte mit dem Signet eines formidablen Feinköstlers klemme ich mir als Barrikade vor den Bauch, meine flatternden Hände haben so auch ein sicheres Plätzchen.

Leise Panik: Gibt es eigentlich kein Handbuch des virtuosen Anbaggerns? »Großer Gott«, bin ich schüchtern, »Himmel hilf!« Schwer gehandicapt wurstle ich mich mit einer extrem blöden Anmache nach vorn durch: »Na, Leckereien eingekauft?«

Sie fängt nicht gleich zu gähnen an, sondern strahlt arglos: »Da sind nur Melonen drin, ich will ein bisschen abnehmen.« Bei dieser Art Vegetarismus, Melonen, muss ich gleich wieder ans Fleischliche denken, ein Geburtsfehler wohl. Diese Krankenakte wird für immer geöffnet bleiben.

Ein letzter, nicht paralysierter Rest Hirn dengelt mir das folgende Anmacher-Gestammel zurecht: »Ich weiß ein total scharfes Rezept mit Melonen.« »Lass hören«, sagt sie. »Melonensuppe mit Scampi. Mein bestgehütetes Küchengeheimnis.« »Wahnsinn!«, haucht sie, und ich komme mir unvermittelt rechtschaffen verarscht vor. Meine gepeitschten Nerven lassen keinen vernünftigen Gedanken hochkommen. Was heißt vernünftig? Für einen dummen Spruch, den jeder Strandpaparazzo drauf hat, würde ich viel geben.

»Na hör mal, rück raus! Erst werde ich angefixt und gleichzeitig auf Entzug gesetzt. Was ist los? Willst du mir dein Mirakel verwehren?« Bedeutungsvoll schnaufe ich: »Bis ich das erklärt hätte, bräche die Nacht herein.« Nach diesem kryptischen Anbaggern setzte ich, unvermittelt verwegen, eins obendrauf: »Wenn du heute noch nichts vorhast, könnte ich's dir zeigen.«

Eine Stunde später schwitzt Hilde Schalotten an, und mir ist schon so bollerwarm, als schmorte ich in ihrer Pfanne. In metaphorischem Sinne ist es ja auch so. Mein Jackett werfe ich ins Wohnzimmer. Dutzende Male schramme ich an ihrem Busen vorbei. Ich wische mir Schweißperlen von der Stirn. Immer war es mein Wunsch, eine geräumige Küche zu haben. Das ist nun ein für allemal vorbei. Mit Hilde wird mir das enge Küchenklo geradezu elysisch.

Ich bin eifrig dabei, die Scampischwänze zu schälen, da sagt sie glockenhell: »Der süße Wein, dieser Banyuls, der schmeckt mir ja Spitze, den könnte man doch wie Portwein in eine halbe Melone füllen, dann hätten wir gleich die Vorspeise intus. Überhaupt, was müssen wir uns denn wie die Spießer nachher in die Essecke pflanzen? Wir fangen gleich hier an.« Ein kleiner Schritt nur, und galanmäßig bin ich mit der Flasche an ihrem Rücken, als sei ich drangepappt. Eigentlich könnte sie nun protestieren. Aber nichts, sie wirbelt herum, dreht den Kopf und hält mir das Glas hin. Eine sozusagen zur Fröhlichkeit geronnene Pirouette. Am liebsten würde ich sie mir gleich wie ein Tangostenz übers Knie werfen.

Wenn ich nur wüsste, wie sie über mich denkt. Frauen sind so geheimnisvoll. In solchen Momenten, die unbedingte Fortune fordern, verfluche ich immer meine Klostererziehung. Auf solche Momente hat sie mich überhaupt nicht vorbereitet. Da möchte man sich im Nachhinein grad das Schulgeld zurückzahlen lassen.

Im Topf schmelzen die Melonenstücke. Mit dem Banyuls zerfließen auch meine klösterlichen Handikaps. Als sich Hilde nach einer Zwiebel-

schale bückt – ist es die tranquilierende Wirkung des Aperitifs? –, sehe ich nicht rot, nicht schwarz, sondern womöglich das ganze Elysium bereits doppelt. Jedenfalls schiebt sich mir da ganz und gar deutlich ein wundervolles Panorama in die Idylle: zwei wohlmodellierte Schinken, eine wunderbare Landschaft. Die Verlängerung zieht sich zum Rückenausschnitt hoch, wie das berühmte Man-Ray-Foto, das die Ansicht eines langen Frauenrückens als Cello darstellt. Hilde ist dagegen schon ein veritabler Kontrabass. Mein Ego gewinnt an Selbstbewusstsein. Es stellt sich mir nicht die Frage, ob so ein Instrument mit meinem 100-Liter-Dudelsack duettfähig sei. Im Übrigen ist Sinnlichkeit sowieso jenseits von Kalorientabellen, Sexheftchen und Empfehlungen verbrecherischer Ärzte, die eine gesunde Frau

und einen rotbackigen, gut gebauten Kerl von Berufs wegen nicht leiden können.

Es braucht einen starken Ruck, um mich aus meiner paradiesischen Exkursion herauszulösen und wieder in die Welt zu kommen. Die drehte sich um Topf und Herd. Ich schneide eine Chilischote klein und werfe sie mit Kreuzkümmel, Thymian und etwas Knoblauch ins Gebrodel. Das Werk gedeiht.

»Hilde, ich gehe mal schnell in den Keller und hole noch Wein. Wenn du mal die Scampi anbraten könntest?« In Wahrheit muss ich erst mal aufs Klo, um mich zu dekomprimieren und störenden Druck abzulassen. Dann den Wasserhahn auf Marsch und meine »Glühbirne« darunter! Daraufhin den Blick in den Spiegel: ein Waterloo. Der Local Hero total aus der Fasson. Feuerroter Schädel, durchgeschwitzt und mittlerweile durch den Banyulswein und sonstige Umstände ziemlich irren Blicks. Trotzig forsche ich nach innen: Müssen denn alle Helden des Alltags und sonstige Eroberer aussehen wie anämische Dokusoap-Schwachköppe oder wie sonstige geklonte Fruchtzwerge aus dem Vorabendprogramm? Im Spiegel, mein Gesicht trockentupfend, sieht mir nichts von dem entgegen. Da wütet das echte Leben, momentan einer zertretenen Mayonnaisetube weit ähnlicher als einem Ladykiller.

Der Killer aus dem Keller, schön wär's. Ich greife mir aber eine Eroberungs-Mehrzweckwaffe, eine gastgeberische Schurkerei, sozusagen Viagra für die Frau. Wie eine Devotionalie trage ich eine Flasche Barolo meines verehrten Winzers Giorgio Rivetti in einem Körbchen vor mir her. So muss das berühmteste Baby der Menschengeschichte damals an den Ufern des Nils gebettet worden sein. Im Flaschenkörbchen habe ich einen Vierzehnprozenter, dessen machomäßiges Etikett das Dürersche Nashorn zeigt, das mir erstaunlich ähnelt. Würde der Renaissancemeister noch leben, müsste er mir ein saftiges Copyright blechen.

Einer der besten Weine des Piemont ist hier am Start, also etwas sehr Kräftigendes. Das Signet ist Programm, die Frau kommt richtig auf Touren. Der erste Kuss schmeckt besser als die Melonensuppe, die noch im Stadium des Entwurfs dümpelt. Die Küche dampft. Der Wein verschafft uns noch mehr Hitze, und Hilde reißt sich endlich das Bustier vom Leib. Gemach. Darunter ist noch ein gewisses Etwas aus Seide.

Ich bin an der Abrisskante des Irrsinns. Köchin und Koch jetzt ganz in Weiß. Im Dampf des Küchencockpits machen sich flüchtende Gewürze breit, und ich habe sicher auch schon die Emissionen eines Pumakäfigs. Ich reiße das Fester auf und werkele im Unterhemd weiter.

»Hildchen, die Suppe ist püriert!« Sie testet an, stutzt, kriegt einen annähernd jubilierenden Lachkrampf und fällt mir um den Hals: »Hey, Superkoch, das ist die beschissenste Suppe in meinem an Küchenunfällen reichen Leben.« Sie beruhigt sich mühsam und hängt sich frech an mich. »Aber sonst ist alles Spitze.« Mit einem Scampi, den sie toreromäßig über sich dreht, tremoliert sie spitzlippig pfeifend und dreht Pirouetten hinaus ins Wohnzimmer. Sie schmeißt sich auf den Boden: »Los, bring die Buddel, ich muss mich setzen«, was nicht korrekt formuliert ist, denn sie liegt längelang.

Nun kehrt innere Ruhe bei mir ein. Gelobt sei der Rebensaft. Unsere kleine Hedonisten-Minderheiten-Party bekommt antikes Format. Wie ein römischer Gott lasse ich mich neben meiner Venus nieder. Dann ist es nur noch schön. Frag mich bitte niemand, wie es weiterging. Ich erinnere mich an nichts mehr. Nur noch daran, dass ich mit Hilde die beste Suppe meines Lebens gekocht habe. Irgendwann wachte ich auf. Da war keine Venus in meinen Armen, sondern eine leere Flasche Barolo Spinetta ...

Aufstand im Getränkestützpunkt

Kaum eine Getränkekarte gibt es, auf der man nicht »Antialkoholisches« angeboten bekommt. Antialkoholisches? Können Getränke, selbst wenn sie das wollten, antialkoholisch sein? Ein Getränk ist doch kein Blaukreuzler; nur der Trinkende kann sich antialkoholisch orientieren, nicht das Getränk selbst. Alkoholfrei wäre hier das zutreffende Wort, aber die deutsche Speise- und Getränkekartenordnung will es offenbar so ahnungslos wie kämpferisch: Entschieden »antialkoholisch« muss das nichtalkoholische Getränk sein und heißen, ganz gleich, ob es sich um einen gewaltfrei gepressten Orangensaft handelt oder um ein Wässerchen, das nicht einmal sich selbst zu trüben vermag.

Und schon sieht man es vor sich, das Defilee von Nektar, Brause und Co. Hei, wie die engagierten Trünke ihre Temperenzlertransparente schwenken: »Glenfiddich, verpiss dich, niemand vermisst dich!«, »Voll aufs Maul, Sauer Paul!«, »Apfelkorn und Persico = Seveso!« Ein kleiner bebrillter Zitronensprudel verteilt Traktate: »Erst süppelten wir Kellergeister, dann spritzten wir Wodka. OpferInnen packen aus.«

Eine Abordnung der Anonymen Apfelsäfte organisiert eine Podiumsdiskussion zum Thema »Lieber naturtrüb als künstlich benebelt«. Als der angebliche Arzt Dr. Gordon's Partei für geistige Getränke ergreift und über den »Gin des Lebens« referiert, kommt es zu Tumulten und zu einem ersten ernsten Zwischenfall: Unter »Kurpfuscher!«-, »Scharlatan!«-,

»Brunnenvergifter!«- und »Hackethal!«-Rufen wird die internationale Kapazität von aufgebrachten Oranginas mit geschwungenen Handtaschen verjagt.

Im Namen der Gemüseextrakte deklamiert ein etwas verbittert wirkender Sellerie unentwegt: »Dicke Rüben! Weiche Birnen! Lasst den Schnaps aus euren Hirnen!« Eine Gruppe junger, radikal isotonischer Getränke will es endlich nicht länger bei rein verbalen Attacken belassen. »Sekt und Wein: SA! SS!« und »Bier- und andere Flaschen zerschlagen!« skandieren die Sport-Drinks und stürmen unter der Führung einer Flasche Rixdorfer Fassbrause Hunderte von Schnapsläden und Gastwirtschaften.

Getränkestützpunkte werden belagert; ein johlender Multivitaminmob formiert sich, Bananen-, Kirsch- und Holunderbeersäfte rücken in Horden vor. Ein Vertreter der Firma Getränke Haffmans spricht von »Pogromstimmung«. Er übertreibt nicht: Alkoholfreie Biere werden mit »Judas! Judas!«-Rufen als Verräter angeprangert, Light-Biere sogar als Kollaborateure gelyncht. Dutzende von Lambrusco-Flaschen werden geleert und

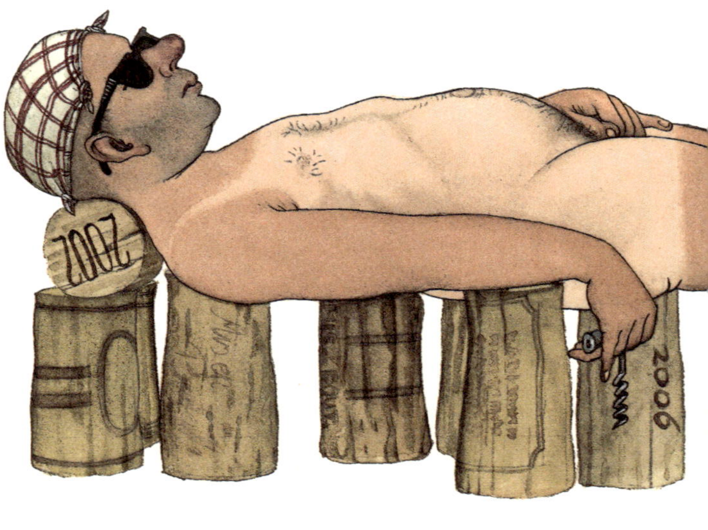

gefedert, Sechserträger laufen um das nackte Leben. Die bekannte Familie Amselfelder bittet in Slivowitz, dem ehemaligen Kroatien, um Asyl, wird aber von der mittlerweile dort herrschenden Granini-Dynastie unbarmherzig abgewiesen.

Auch in den ostdeutschen Ländern ereignen sich ergreifende Szenen. Einer kleinen Gruppe aus Goldbränden, Apricot-Brandys und Pfefferminzlikören gelingt es bei Nacht und Nebel zu entkommen; nach einer abenteuerlichen Flucht durch die Wälder finden die entkräfteten Spirituosen Unterschlupf bei einem Zinnaer Klosterbruder. Andere haben weniger Glück; Klare Schnäpse, von ihren Blindenhunden geführt, taumeln panisch durch die Wälder, werden gestellt und niedergemacht: Bionade, laut Eigenwerbung »das offizielle Getränk einer besseren Welt«, macht ganze Arbeit und keine Gefangenen.

Ich hob den Kopf aus der Getränkekarte und fasste für den Rest des Tages einen Entschluss: Etwas stilles Wasser trinken. Und selbst auch den Schnabel halten.

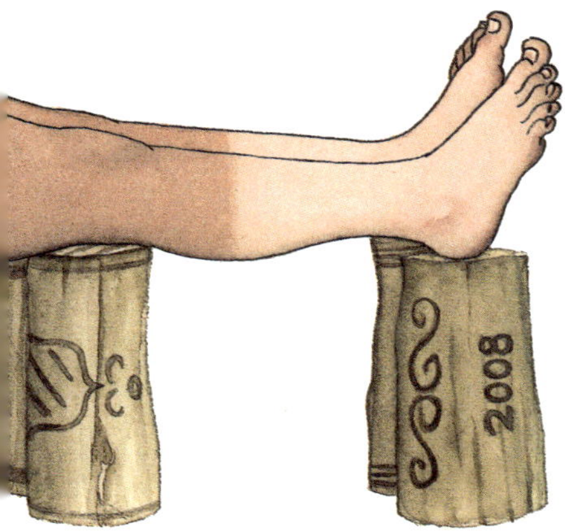

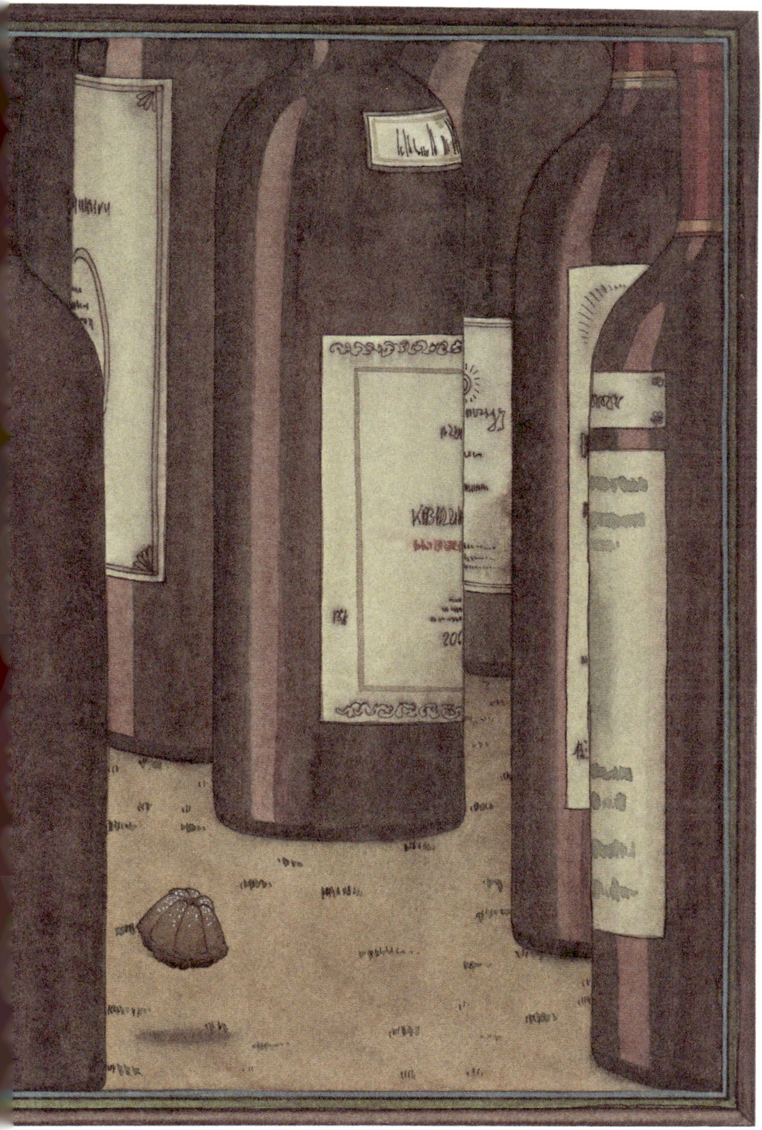

Rotkäppchen für Trinker

Barrique im Remstal

Kräftige, tanninreiche Weine gab es Anfang der achtziger Jahre jede Menge – vorwiegend aus Frankreich und Italien. In meiner Küche im Postillion in Schwäbisch Gmünd war ich unablässig dabei, aromaheftige Pasteten zu backen. Diese Obsession hat bis heute angehalten, immer noch sind Krustenpasteten »mein Ding«. Für diese suchte ich damals einen Weißwein, der sich nicht beim ersten Schluck von der Pastetenscheibe begraben ließ.

Es gibt ja einige knarzige Weingärtner im Remstal, und ich musste nicht lange überlegen, wer gut zu mir passte. Alle meine Entscheidungen treffe ich ja bevorzugt mit meinem phänomenalen Bauchgefühl. In der Tat, mein Bauch ist kein Pappenstiel. Naturwissenschaftlich beschlagene Leute und Anhänger des Darwinismus werden mir bestätigen, dass wir vom Einzeller abstammen. Diese »Vorfahren« hatten ihr Gehirn im Bauch. Sie sind damit die letzten Millionen Jahre gut gefahren. Die alten Ägypter, die Römer usw. sind weg, die Einzeller immer noch unverändert unter uns. Da mein Bauch ungefähr drei Millionen Mal größer ist als der Bauch dieser Tierchen, bin ich auch Millionen Mal »besser beieinander«.

Aus diesem Bauchgefühl heraus entschied ich mich eines Tages für den Winzer Jürgen Ellwanger, einen Mann der Tat. Einen Barriquewein wollte ich haben, und Ellwanger war zum Mitmachen bereit. Er befahl mir, nach Mössingen zu fahren und dort beim Fassmacher Schanz einen »Holzhurgel« zu holen. Der rachitische Jahrgang 1984 kam zur Ernte, und der dünne Saft war schnell eingefüllt. Fassproben des Grauburgunders ließen an Salzsäure denken. Er reifte und reifte. Wir hatten ja völliges Neuland betreten, und Neues und Optimismus sind bekanntlich eng verschwistert.

»Der wird scho!« Genauso war es. Das Eichenholz lieferte jede Menge der von mir gewünschten Tannine, und die Reifung tat aufs Prächtigste das Ihre. Dieses wunderbare Holz, diese schwäbische Eiche, dieser Duft nach Schreinerei, nach Holz- und Schnitzwerk, all das habe ich heute noch in meiner Nase. Die Entwicklung auf der Flasche war phänomenal. Irgendwann hatte sich der Wein ganz verabschiedet, und nur das Holz stand in Glorie als tonnenschweres Bukett im Glas. Da war eine Wucht, als hätte man alle Palisaden des Wilden Westens verküfert. Größeren Geist gab es nie auf Flasche.

Deshalb wurde der Wein wie rasend weggetrunken. Die jämmerlichen 10,5 Volumenprozente waren selbst für die Heilsarmee noch weit außerhalb des Sündenfalls. Schwäbischen Weinnasen zerfurchten die Tannine aufs Fürchterlichste die Physiognomie. Mittelschwere Verätzungen verhinderten jegliche Reklamation. Und dann: Den glühenden Anpreisungen, der Begeisterung des Wirts konnten selbst Fachleute nicht widerstehen. Diese dämonische Begabung, die ich damals in mir entdeckte, musste ich in Zukunft wohlüberlegt zügeln. Ich hatte die Macht, den Leuten 750 Gramm Hartholz in Flaschen zu verkaufen.

Bei dem ganzen Jubel blieb der Wengerter Jürgen völlig cool: Beim Folgejahrgang hatte er »sei Sach g'lernt«. Der 1985er übertraf alle Erwartungen und hielt den schärfsten Weinkritikern stand. Ich hatte endlich einen gerbstoffreichen Weißwein für meine Krustenpasteten von der Wildsau, vom Reh und vom Hasen.

Hier und jetzt: Vor mir duftet eine Scheibe Frischlingspastete, und aus meinem Glas steigen ganz andere Geister. Der Jahrgang 2005 Grauburgunder trocken betört mich. Längst bin ich durch die Schrunden des

Alters kaum mehr in leichtsinnige Euphorie zu versetzen. Ich trinke. Was schon lange nicht mehr vorkam, der Wein hält der Pastete und mir stand. Das will was heißen. Der nächste Schluck. Der Wein verbandelt sich mit den Wildaromen und mit den schweren Gewürzen. Ich esse. Ich trinke.

Wildschweinpastete

Zutaten für 1 Pastete (für ca. 6 Personen)

Für den Pastetenteig

500 g	Mehl
180 g	Butter
1	Ei
100 ml	Wasser
	Salz

Für die Füllung

10 g	getrocknete Steinpilze
500 g	Wildschweinschulter
250 g	grüner Speck (vom Schwein)
2 EL	Pistazien, gehackt
250 ml	Sahne
1 Msp	Piment
1/2 TL	Wacholder, gemörsert
1 TL	Thymian, gerebelt
20 ml	Cognac
	Salz, Pfeffer
1–2	Eigelb
8 Blatt	Gelatine
250 ml	Fleischbrühe
250 ml	Portwein

Irgendwann ist alles eins, und ich bin im Glück. Am nächsten Morgen fühle ich mich prächtig. Was war geschehen? Aha, der Wein war mir angemessen. 14 Volumenprozent steht auf dem Etikett.

Für den Pastetenteig Mehl, Butter, Ei, Wasser und eine gute Prise Salz zu einem Teig verkneten.

Den Teig in Frischhaltefolie verpacken und 1 Stunde kühl stellen.

Für die Füllung die Steinpilze 15 Minuten in lauwarmem Wasser einweichen, dann abtropfen lassen und fein hacken.

Den Backofen auf 220° vorheizen (Umluft 200°). Eine Kastenkuchenform mit Backpapier auslegen oder gut ausfetten, den Teig dünn ausrollen und die Form damit auslegen. Etwas Teig für den Deckel der Pastete zurückbehalten.

Wildschweinschulter und den grünen Speck grob zerkleinern, durch den Fleischwolf drehen und in eine Schüssel geben. Gehackte Pilze, Pistazien, Sahne, Piment, Wacholder, Thymian, Cognac, Salz und Pfeffer hinzufügen und alles mindestens 10 Minuten mit den Händen gut vermischen, bis eine sämig-feste Brätmasse entsteht.

Die Masse auf den Teig in der Kastenform geben, alles mit einer Teigbahn verschließen. Als Kamin zwei Löcher in die Teigabdeckung stanzen. Mit dem restlichen Teig kann man Verzierungen modellieren und auf dem Teigdeckel anbringen. Die Teigoberfläche mit verquirltem Eigelb bestreichen. Die Pastete im heißen Ofen bei 220° ca. 40 Minuten backen (pro Zentimeter Durchmesser 4 Minuten). Die Pastete über Nacht auskühlen lassen.

Am nächsten Tag die Gelatine 5 Minuten in kaltem Wasser einweichen. Brühe und Portwein aufkochen. Topf vom Herd ziehen, die Gelatine ausdrücken und in der heißen Portwein-Brühe auflösen, dann etwas abkühlen lassen. Kurz bevor es fest zu werden beginnt, das Gelee vorsichtig durch die Kaminöffnungen in die Pastete eingießen und über Nacht fest werden lassen.

Am nächsten Tag die Pastete aufschneiden und servieren.

Gast oder Geisel?

Im Weinkeller des Schreckens

Ein Kabarettist hatte uns eingeladen, ihn in seinem Haus zu besuchen und mit ihm zu essen. Ich kannte ihn nicht, war in Begleitung von Freunden dennoch als Mitesser willkommen geheißen worden, obwohl diese ihrerseits mit dem Manne eher flüchtig bekannt waren.

Eine Einladung kann immer eine Falle sein. Im schottischen Hochland wurden ganze Clans von ihren Gastgebern erst bewirtet und dann niedergemetzelt, von den ehrenwerten Signori Mafiosi hört man Ähnliches, und in der katholischen Kirche entledigten sich Äbte, Bischöfe und Kardinäle lästiger Konkurrenten, indem sie ihnen einen ganz besonders guten Wein kredenzten. Der Tod kam Schluck für Schluck. Gerade im Vatikan sollte diese nützliche Tradition erneuert und befestigt werden.

Wir klingelten an der Tür des Kabarettisten. Uns wurde aufgetan, die Frau des Gastgebers begrüßte uns herzlich, wir überreichten unsere Gastgeschenke, wurden um einen großen Tisch platziert und bekamen Wasser und einen Aperitif angeboten. Der Kabarettist wohnte rustikal gemütlich. Zügig trafen auch die anderen Gäste ein, seine Brüder und ihre Ehefrauen. Alle saßen um den Tisch versammelt, die beiden Gruppen am Tisch standen noch auf keinem Fuße miteinander, die höfliche Konversation geriet etwas ins Stocken und drohte ganz zu versiegen.

Er wolle dann einmal den Wein aus dem Keller holen, sagte der Kabarettist behände. Geschmeidig und unmissverständlich jovial ermunterte er die kleine Gruppe, zu der auch ich gehörte, ihm dabei Gefolgschaft und Gesellschaft zu leisten, schließlich seien wir ja zum ersten Mal in seinem Haus und hätten deshalb seinen Weinkeller noch nicht begutachten können.

Was sollten wir tun? Wir waren eingeladen, und nach deutschem Gastrecht haben Gäste in erster Linie Pflichten. Eine von ihnen ist die uneingeschränkte Bewunderung ihres Gastgebers und seiner Leistungen als Architekt, Innenausbauer und Dekorateur seiner Behausung; gleichfalls empfiehlt es sich, seine Kochkünste nicht nur zu bemerken, sondern sie anzuhimmeln, vor seinen Fähigkeiten in Sachen *savoir vivre* auf dem Bauch zu liegen und seinen Status als *conaisseur de luxe* adäquat, also möglichst devot zu würdigen. Privat zu Gast sein ist harte Arbeit, deswegen liebt der Mensch gute Restaurants. Wir standen also von den eben erst eingenommenen Plätzen wieder auf und strummselten dem Gastgeber hinterher. Treppab ging es, elektrisches Licht illuminierte das Gewölbe. Geräumig war die Kellerhöhle und voller Flaschen; Hunderte von ihnen wurden hier in Weinregalen und in Kühlschränken gelagert.

Dass es nicht damit getan sein würde, bloß ein paar Flaschen aus dem Keller zu holen und dem Mann beim Tragen zu helfen, hatte ich geahnt. Der Kabarettist setzte zur Führung durch sein Lager an. Er schritt den Parcours ab von Flasche zu Flasche, er kannte sie alle, und über nahezu jede von ihnen gab er Auskunft. Die hatte zwar niemand erbeten, ernsthaftes Interesse war nicht einmal simuliert worden, doch das störte ihn überhaupt nicht.

Im Gegenteil: Er hatte frische Zuhörer, unverbrauchte Opfer, ihm ausgeliefert, und das nutzte er weidlich aus. Von Auktionen berichtete er, von kleinen Winzern und großen Jahrgängen, von Restposten, die er noch hatte ergattern können, und auch die jegliche Weltschönheit in Grund und Boden dullernde Banalisierungsvokabel »Schnäppchen« fiel mehr als einmal. Wäre er Berliner gewesen, er hätte bollestolz verkündet: »Ha' ick

jünstich jeschossen, wa!« Berliner war er nicht; es war aber auch ohne das schon rüde genug.

Und wollte kein Ende nehmen. Gast und Geisel sein war eins. Die Innenohren begannen zu jucken, die Trommelfelle sträubten sich. Der Gastgeber zog die Schraubzwingen noch enger an. Er habe eine große Schwäche für die österreichischen Weine, berichtete er; da müsse er einmal richtig weit ausholen. Österreich? Kellerte der Kerl auch Kinder ein oder nur Flaschen und Gäste?

Erlösung ist weiblich. Die Frau des Kabarettisten rief zum Essen. Wir leuchteten vor Dankbarkeit. Der Kabarettistus interruptus zerrte unmutig ein paar Flaschen aus einem offenbar weniger prominent besetzten Regal; über dessen Inhalt war er bei seiner Führung jedenfalls erfreulich wortlos hinweggegangen. Ich mochte diese Flaschen deshalb auch gleich viel lieber als ihre wortreich gerühmten Verwandten, schließlich waren sie nicht Anlass oder Vorwand eines Redeschwalls gewesen. Gute Flaschen, lobte ich sie in Gedanken, wir wollen Freunde werden.

Das Essen war vorzüglich und erholsam; es wurde weitgehend still eingenommen. Als Jugendlicher hatte ich hinter dem Satz »Mit vollem Munde spricht man nicht« nur den Ausdruck autoritärer Erziehung zu wittern vermocht. An diesem Abend erschloss sich mir sein Sinn: Wer einem professionellen Dauerredner ausgesetzt ist, empfindet es als Gnade, sich vom Schwatzbeschuss wenigstens während des Kauens und Verdrückens eine viertel oder eine halbe Stunde ausruhen zu können. Das Verdikt »Mit vollem Munde spricht man nicht« bietet den Ohren und den ihnen angeschlossenen Sinnen und Empfindungen Schutz und Asyl.

O seliges Schweigen, o seliges Dämmern auch nach dem Essen, wenn man bei Kaffee und, so man ihn zu schätzen weiß, gutem Tabak sich sanft pudelwohl fühlt, genudelt und gewiegt, milde und freundlich gestimmt. Doch das Leben rettende Ohrenasyl war zeitlich begrenzt. Der Kabarettist saß wie auf Kohlen. Der Prediger des Sinnlichen hatte sein Essen schnell verschlungen und wartete ungeduldig auf die Nachzügler.

Kaum war das Geschirr vom Tisch geräumt, erhob er sich, griff zur Gitarre und ließ sich auf einem Stuhl nieder, der wie zufällig im Blickfeld aller anderen Anwesenden stand. Er tat das, wie man so sagt, aus freien Stücken, also aus innerem Zwang; ermutigt hatte ihn jedenfalls niemand. Leise begann er zu spielen. Er war kein ganz schlechter Musiker, und er störte das angenehme Grundrauschen zunächst nicht. Man konnte ihm zuhören oder auch mit den anderen plaudern. Die Einlage des Gastgebers war weder ersehnt noch erbeten worden, aber diesmal schien es glimpflicher abzugehen als im Weinkeller.

Schon beim zweiten Gitarrenstück aber funkelte es böse aus den Kabarettistenaugen: Am Tisch wurde noch unbotmäßig gesprochen! Diese Ordnungswidrigkeit unterband der Gastgeber mit Routine und Geschick. »Ich habe ein paar ganz persönliche Geschenke für euch«, sagte er bedeutsam. »Meine Lieder.« Und dann sang er sie ohne weitere Umschweife, sein kleines Publikum klammerfest im Blick. Tuschelte da etwa noch jemand? Das ist nicht statthaft, sagte sein gestrenger Gesichtsausdruck. Hier wird gelauscht, Obacht, Kunst!

Wir übten uns in Duldsamkeit und Andachtheuchelei. Es war wie im Konfirmationsunterricht, nur war niemand am Tisch auch nur annähernd noch im konfirmandentauglichen Alter oder wollte in diesen erbarmungswürdigen Zustand jemals zurück. Es empfiehlt sich immer, für ein Konzert Eintritt zu bezahlen. Man ist niemandem verpflichtet, und wenn es einem nicht gefällt, kann man unauffällig gehen. Das war mir, dem als assoziierten Mitgast Hinzugebetenen, nicht möglich. Wurde hier die Rolle des Gastgebers ganz neu interpretiert? Eine innere Stimme sprach mir Trost zu: »Ruhig, Graumelierter. Da musst du jetzt durch.«

Wenn man gequält wird, stellt man sich auf die Qual ein. Man senkt seine Empfindungsfähigkeit so weit wie möglich ab, sonst hielte man es nicht aus. Der Moment, in dem die Tortur zu Ende ist, wird als himmlisch empfunden. Dabei befindet man sich, vom Blickwinkel eines Nichtgequälten aus betrachtet, auf einem sehr niedrigen Glücksniveau. Aber wenn man ganz unten ist, im Keller, in den Klauen des eitel Bösen, fühlt sich das plötzliche, nicht erwartete Aufhören des Schmerzes paradiesisch an.

Schnell kam das Ende jedoch nicht. Zugaben, von niemandem herbeiapplaudiert, wurden dennoch gegeben. Nach der vierten Extraportion Erpressung hatte der Kabarettist zwar kein Einsehen, ließ es aber dennoch gut sein. Er müsse, zu seinem größten Bedauern und sicher auch zu unserem, seine Stimme schonen, er habe am nächsten Abend einen wichtigen Auftritt, man möge ihm verzeihen, wenn er nun aufhöre.

Das verziehen wir sofort. Er gab sich großzügig und holte umständlich eine Karaffe herbei. Es war nicht Reue, es war nur der nächste Stachel im Fleisch. Er habe hier einen ganz ausgezeichneten Tropfen, den er schon am Nachmittag eigens zu diesem Anlass dekantiert habe, sprach er mit bewegter Stimme. Hatte er die nicht schonen wollen?

Rührung über seine eigene Freigebigkeit – oder war es Bedauern? – schien ihn zu übermannen, als er den Inhalt der Karaffe in zehn Gläser goss, in jedes einen guten Fingerhut voll. Er nahm sein Glas, hielt es sich unter die Nase, schloss die Augen und setzte ein Kirchengesicht auf. »Wein muss atmen«, sprach er wie einbalsamiert. »Atem ist Leben. Wein ist Leben.« Dann atmete er, langsam und geräuschvoll. Und trank einen winzigen Schluck, zerdrückte ihn zwischen Zunge und Gaumen, wobei Wohllaute sich seiner Kehle entrangen, bis er den Wein endlich in sich hineinfließen ließ. »Aaah«, seufzte er, riss aber blitzschnell die Augen auf, um seinen Gästen einen prüfenden, scharfen Blick zuzuwerfen und sie mit feintuerischer Stimme zu belehren: »Den darf man nicht einfach so runterkippen! Den muss man sich einteilen und in Ruhe und mit Zeit genießen, nöiiich?«

So saßen wir vor unseren Trauertropfen: immer schön einteilen, nöiich? Der Kabarettist sprach dann noch stark über schlimme Politik und die Notwendigkeit der Weltveränderung. Mir wurde immer stärker nach Luftveränderung zumute. Müde sei ich nach der langen Anreise, bekannte ich, stand auf und goss die kleine Pfütze hinab. Der Strafblitz aus seinen Augen traf mich voll. Doch auch die anderen sprangen nun von ihren Plätzen auf und beteuerten, dringend zu Bett gehen zu müssen; die Einladung unseres Gastgebers, der sehr entlegen wohnte, schloss auch das Angebot zur Übernachtung ein. Der Mann brauchte schließlich auch am nächsten Morgen ein Publikum. Seine Freunde und Bekannten waren ihm längst allesamt davongerannt, und so griff er auf seine Familie, auf entfernte Bekannte oder sogar auf Fremde zurück. Hauptsache, er hatte sie fest und sicher, und das möglichst schon zum Frühstück.

Der Kabarettist war sichtlich beleidigt, aber dann huschte ein Hoffnungsschimmer über seine Züge: Am folgenden Vormittag werde er eine Kutschfahrt mit dem Zweispänner unternehmen, da sei auch Platz für Gäste und Zeit für ein gutes Gespräch. Ich sah ihn vor mir auf dem Kutschbock hocken, die Gitarre unterm Arm, »Hüh, Liese« rufend, mit der Zunge schnalzend und einen Todesmutigen oder Ahnungslosen, der sich neben ihn gesetzt hatte, vollpeternd über die Kunst des richtigen Weintrinkens und Lebens.

Boxer mit Burgunder

Doller Dolde

oder Der schwäbische Salzkuchen

In Württemberg wollte man schon immer gerecht sein, und die Realteilung sollte diese Gerechtigkeit herbeiführen. Alles wurde gleich verteilt. Das ging so weit, dass selbst eine Bibel zerrissen wurde, um sie in gleichen Teilen unter den Geschwistern zu verteilen. Mit dem Land war es genauso und mit den Weinbergen erst recht.

Kein Wunder, dass dieses Land als Grundrauschen den Diminutiv hat. Was nicht schon klein ist, wird kleingeredet, die Millionärsvilla beispielsweise gerne Häusle genannt, und man trinkt auch nicht Wein dergestalt, dass man die Flasche auf den Tisch stellt, sondern bestellt sich vierteleseweise, vielleicht sogar nur ein Achtele, und davon dann so viele, dass sich möglichst sogar die Bedienung verrechnet.

Mit Helmut Dolde stehe ich auf dem Weinberg von Linsenhofen bei Nürtingen. Es ist ein Basaltschlot. Der Weinberg ist ungefähr so groß wie zwei Fußballfelder und wird von Erben bewirtschaftet, vielen Erben, und weil sie sich alle gut vertragen, haben sie sich zu einem Verein zusammengefunden. So kann man sich Maschinen teilen und natürlich auch das jeweilige Wissen austauschen. Der Dolde ist der Capo, eine Berühmtheit. Er ist sicher einer der bekanntesten Nebenerwerbswinzer der Welt und bewirtschaftet obendrein am nahen Neuffen, einem steilen Berg mit fetter Burg darauf, den höchsten Weinberg Deutschlands. Der Mann ist das klassische Ergebnis der Realteilung. Von seinen Weinbergen kann der Biologielehrer nicht leben. Aber mit dem Wissen des Biopaukers hat er ein wissenschaftliches Unterfutter, das manchen Profiwinzer zum Grübeln bringen könnte. Er weiß, wie Natur funktioniert, und seine Kameraden, die mit ihm den Linsenhofer Berg teilen, sind auch nicht von Pappe. Hier wird nicht von ausgeklügelter Kellertechnik geredet, die könnte man sich sowieso nicht leisten. Was bleibt? Genau das, von dem die meisten Winzer viel reden, aber es nicht wirklich ernst nehmen: Es geht ums Hacken, Hacken, Hacken, Rebenschneiden, um die Arbeit im Weinberg. Dazu braucht es eine gute Kondition und vor allem Starrsinn. Die Verführungen der Giftfirmen Monsanto, BASF usw. sind groß. So werden in vielen Fällen die Weinstöcke mit Unkrautvernichter begossen. Man sieht das an dem abgestorbenen Gras, das die Weinstämme umgibt. Gras ist Wasserkonkurrent. Da meist heftig gedüngt wird, nützen die Powerdrinks dem Rasen mehr als dem Weinstock, deshalb werden Grünzeug und zusätzliche Kräutlein abgemurkst. Das muss sein. Wenn man aber statt Chemie einzusetzen den Boden hackt, lockert und so auch die Mikroorganismen am Leben hält, gibt das allemal einen besseren Wein als mit der Methode der Abtötung. Mir sagte mal der berühmte Winzer Jean-Marie Deiss aus dem Elsass: »Wer nicht kapiert, wie Natur funktioniert, wer zur Natur keine innere Beziehung empfindet, der braucht gewaltige Kellertechnik, mit der man alles geradebiegt und mit großem Equipment durchaus wohlschmeckende Weine machen kann. Aber: Ähnliches ist nicht dasselbe.«

Für mich gibt es eigentlich nur noch eine Weinsorte: Das ist die von gehackten Weinstöcken. Ganz klar, solche Arbeit muss bezahlt werden, deshalb sind Weine, die wirklich im Weinberg natürlich und möglichst ökologisch gepflegt werden, einfach wertvoller als die Tropfen, die von sogenannten »Maschinen« bzw. Mechanikerwinzern designt werden.

Es gibt nicht viele, die von Natur so viel verstehen wie Helmut Dolde. Bei ihm kommt auch noch eine gewisse schwäbische Tüftlermentalität dazu. Er ist überzeugter Garagenwinzer. Viel größer ist sein »Château«

Auge trinkt mit.

Salzkuchen
Zutaten für 1 Kuchen

Für den Hefeteig

250 g	Mehl
1 Tütchen	Trockenhefe oder 1/2 Würfel Hefe
200 g	Wasser
1 Msp	Zucker
1 TL	Salz
1 EL	Öl

Um den Salzkuchen zu aromatisieren

2 EL	Griebenschmalz
1	Ei
80 g	saure Sahne
1	Zwiebel, fein gewürfelt
2	Scheiben geräucherter Bauchspeck
1/2 Bund	Schnittlauch, fein geschnitten
1 TL	grobes Salz
1/2 TL	grober Pfeffer

auch gar nicht. Dort sind beispielsweise keine Kühlautomaten, welche die Gärung steuern. Das macht der Schwabe anders, simpel, aber effektiv: Tücher werden über den Tank gelegt, und dann wird mit kaltem Wasser geduscht, damit die Gärung nicht zu stürmisch verläuft. Nachts werden die Fenster aufgerissen oder geschlossen, grad so, wie es der Wein haben will.

Die Weine stammen aus einem Grenzklima. Am Fuße der schwäbischen Alb pfeift der Wind, aber gerade herbes Wetter lässt charaktervolle Weine entstehen. Nicht hoher Alkoholgehalt ist bestimmend, sondern Kraft und Finesse, die dem Vulkanboden entnommen sind. Dolde fängt an von Mergel, Keuper und wasweißich zu sprechen, und ich winke ab:

»Monsieur, ich bin kein Geologe. Dass wir hier auf einmaligem Boden stehen, das ist eh klar. Wir Schwaben halten schließlich zusammen.«

Auf dem Vulkankegel findet gerade das jährliche Vereinsfest statt. Salzkuchen gibt es, und eine liebenswerte Frau merkt, dass ich schon ein von Auszehrung ganz spitzes Gesicht habe. Salzkuchen ist quasi eine dicke, fette Pizza mit nichts drauf. So richtig schwäbisch, aber frisch aus dem Ofen eine Köstlichkeit. Die ideale Begleitung zum »Silvaner Vulkan«. Dann geht es Schlag auf Schlag. Tische und Bänke sind aufgestellt, und wir hocken uns hin. Einen weiß gekelterten Spätburgunder nehme ich mit Genuss – ex und hopp –, dann kommt vom Neuffen der Silvaner »Alte Reben«. Die Weinstöcke wurden in den fünfziger Jahren des letzten Jahrhunderts gepflanzt und geben nur wenig Ertrag, aber die Kraft und Reduziertheit, die von diesen mittlerweile bedächtig wachsenden Pflanzen ausgeht, ist beträchtlich. Der Biologielehrer hat natürlich den Willen, dass ich diesen heiligen Ort nicht blöder verlasse, als ich angekommen bin. Mir raucht der Kopf, aber es leuchtet mir doch sehr ein. »Der Neuffen dort drüben, das ist das gleiche Jura-Sediment, das sich von hier bis ins französische Burgund erstreckt«, sagt Dolde, und man merkt, dass er die Franzosenweine achtet, aber deshalb keinen Minderwertigkeitskomplex hat. Ich bin beschwingt, die Weine haben nicht mehr als 12 Prozent Alkohol und wirken erfrischend. Ein idealer Frühstückswein, wie Freund Wiglaf sagen würde. In der Tat, mit dem Salzkuchen habe ich hier das beste Frühstück aller Zeiten. Halt, stimmt nicht. An den Tischen steigt die Stimmung, bei mir auch, es wird Mittag, und Lammbraten hat's auch. Alle fühlen sich sauwohl. Tja, und dann kam der Abend und mir ging es wie einem Kriegshelden: »Old soldiers never die, they fade out!«

Der Salzkuchen hat bei den Bauern eine große Tradition. Ist das Backhaus aufgeheizt, so ist die Temperatur für die dicken Brotlaibe meist zu heiß. Die Kruste wäre verbrannt, bevor das Brot in der Mitte durchgebacken wäre. So wird das Backhaus – um die aggressive Anfangshitze zu mildern – mit den Salzkuchen beschickt, die, in etwas anderer Art, im Elsass treffend als Flammekuchen bezeichnet werden. Der Ausdruck kommt daher, dass der Rand oder sonstige Zonen des Kuchens meist leicht verbrannt und angeschwärzt sind.

Der schwäbische Salzkuchen ist auch mit der italienischen Pizza sehr nahe verwandt. Das Backhaus funktioniert genauso wie ein echter Pizzaofen. Grob gesagt wird in dem Steinofen eine Art Lagerfeuer gemacht, die feuerfesten Steine heizen sich bis auf sechshundert Grad auf. Ist der Ofen heiß, wird das restliche Holz bzw. die Asche mit einem nassen Holzschieber herausgekehrt.

Von der italienischen Pizza unterscheidet sich der Salzkuchen durch den Belag. In kargen Zeiten bestand er nur aus etwas Schmalz und Salz. Eine weitere frugale Möglichkeit wäre, ihn noch mit einigen Schweinegrieben zu bestreuen. Feudal wird es dann, wenn Speck und wie in diesem Rezept Zwiebeln und Schnittlauch dabei sind.

Alle Zutaten sollten Zimmertemperatur haben. Zutaten für den Hefeteig miteinander vermischen und gut verkneten. Teig mit Klarsichtfolie abdecken und an einem warmen Ort gehen lassen, bis er um das Doppelte aufgegangen ist. Dann den Teig noch einmal verkneten, dünn ausrollen und in eine große, runde Kuchenform drücken. Teig in der Form noch einmal gehen lassen, bis der Boden doppelt so hoch ist.

Backofen auf 200° (Umluft 180°) vorheizen. Um den Kuchen zu aromatisieren, das Griebenschmalz in einem kleinen Topf schmelzen. Dann das Ei mit der sauren Sahne und dem flüssigen Schmalz verrühren. Zwiebelwürfel unterrühren. Belag auf den aufgegangenen Teig in der Form streichen. Speck fein würfeln und darauf verteilen. Schnittlauchröllchen und Salz darüberstreuen. Den Salzkuchen im heißen Ofen (Mitte) ca. 30 Minuten backen. Vor dem Servieren mit grobem Pfeffer bestreuen.

»Ah, ich spüre ihn … er dringt in mich ein … schieb ihn tiefer rein … sachte … lass mich als Erste kommen … ah, ich fühle … ich komme … schneller! … ich komme … halt! … es ist so weit … ich vergehe … ich … ich … ah«

aus: »Wollüstige Geständnisse einer französischen Modeflasche«, The Boudoir

3-Korken-Ehe

Wein und Lied

Dass Wein und Gesang zusammengehören, gilt nicht nur Allgemeinplatzwarten als Wahrheit. Das Bacchantische und das Musische haben die schöne Tendenz, miteinander zu verschmelzen. Deshalb ist der Wein auch immer wieder Thema im Lied; das Spektrum reicht vom großen Dichter, Sänger und Säufer Carl-Michael Bellman bis zu unterirdischem Grusel wie »Sieben Fässer Wein« von Roland Kaiser. Dazwischen liegen Popsongs wie »Kisses sweeter than Wine« und »Red, red Wine«; der Grandcharmeur Dean Martin besang sich als »Little ol' Winedrinker me«.

Wie viel der Weinverzehr aber auch über psychosoziale und politische Verfasstheit aussagen kann, zeigte Franz Josef Degenhardt mit seinem Lied »Weintrinker«, das 1963 auf seiner ersten Langspielplatte »Rumpelstilzchen« erschien. Ganz arglos hebt das an:

Ich möchte Weintrinker sein,
mit Kumpanen abends vor der Sonne sitzen
und von Dingen reden, die wir gleich verstehn,
harmlos und ganz einfach meinen Tag ausschwitzen
und nach Mädchen gucken, die vorübergehn.

Ich möchte Weintrinker sein,
und nicht immer diese hellen Schnäpse saufen,
nicht von Dingen reden, die nur mich angehn,
mir nicht für zwei Gläser Bier Verständnis kaufen,
nicht mit jenen streiten, die am Tresen stehn.

Das sind feine, fromme Wünsche – raus aus dem verschwitzten, engen Arbeitermilieu, hinein in die freiere, bessere und heile Welt:

Ich möchte Weintrinker sein,
mit Kumpanen lachend ein paar Lieder singen,
die sich um Trinken, Mädchen und die Liebe drehn,
nebenbei ein bisschen reden von den Dingen,
die am Tag in einer kleinen Stadt geschehn.

Ganz leise dreht sich das friedliche Bild, und man sieht die ungeheure Verdrängungsleistung, die zur Herstellung von Harmonie notwendig ist. Subtil beschreibt Degenhardt die Abgründe der Kleinbürger- und Bürgerwelten:

Ich möchte Weintrinker sein,
nicht beim Schnaps um Zehntel Skat mit Hirschbock spielen,
wo man gierig Geld in seine Taschen wischt,
nicht dem Nachbarn heimlich in die Karten schielen,
ihn nicht schlagen, wenn er sich zwei Asse mischt.

Ich möchte Weintrinker sein,
nicht ab Mitternacht Frau-Wirtin-Verse grölen,
kein Soldatenlied und nicht den ›Tag des Herrn‹,
und nicht vom Mittelabschnitt irgendwas erzählen
und auch nichts von Hungerpest in Hongkong hören.

Wiederentdecken konnte ich den »Weintrinker« und andere Lieder Degenhardts, als der Romancier, Dichter und Sänger zu seinem 75. Geburtstag im Dezember 2006 sein Gesamtwerk als Komponist und Sänger vorlegte: »Die Lieder«, mit allen Noten und an die 400 Seiten prall. Das Buch, eine poetische politische Chronik der Jahre 1963–2006, gehört in den Haushalt von Menschen, deren Durst nach Wissen nicht geringer ist als ihre Lust am Wein.

Degenhardt, der literarisch ranghöchste deutsche Liedermacher, war und ist Kommunist – und gönnt seinem Weintrinker die Sehnsucht nach harmlosem Glück, nach dem schwebenden Zustand der Seligkeit:

Ich möchte Weintrinker sein,
auf dem Nachhauseweg wie Kinder darauf achten,
dass man beim Bürgersteig nicht auf die Ritzen tritt,
und im Bett dran denken, wie die Mädchen lachten,
und im Schlaf noch lachen über meinen Schritt.
Ich möchte Weintrinker sein.

Trollinger

Riesling, Riesling, Riesling

Mannomann, morgens krachen die Knochen, und der Tag beginnt mit Jammern. Freund Pepe aber richtet mir den Kopf und spricht zum Frühstück: »Hey, Alter! Du bist nicht antik, und ich sage dir auch, warum. Du kannst noch auf einem Bein einen Socken anziehen, ich habe es gesehen. Du müffelst nicht, obwohl du noch nicht unter der Dusche warst. Und dann, jetzt kommt's: Du verträgst doch noch Rieslingwein!« Nun ja, das mit dem Riesling ist ein Schlag ins Kontor. Diese Droge vertrage ich schon lange nicht mehr. Wenn ich die trinke, dann krampft sich mir der Magen zusammen, der Hintern schrumpft, dass in der Falte ein Eurostück die Prägung verlieren könnte.

Freund Pepe doziert weiter: »Wenn dir Riesling nicht bekommt, dann trinkst du das falsche Zeug. Wann hast du zuletzt bewusst einen guten Rheingauer getrunken? Ich sage guten, denn Mist gibt es dort auch.« »Ach Gott, Riesling, das ist Jahre her«, mümmle ich kleinlaut und schiebe im Mund einen angebrannten Toast von rechts nach links. »Also, es gibt im Leben eines Mannes gewisse Phasen: Mal haut es mit den Frauen gut hin, dann wieder nicht. Dann melden sich die Bandscheiben, unversehens spürt man sie aber nicht mehr, sobald man auf einem Motorrad sitzt und die ›Balls‹ ordentlich geschaukelt werden.« Der Freund hat sich in Rage geredet und befiehlt mich in den Weinkeller. Jetzt ist gleich Mittag, die ideale Zeit, um mit einem Erfrischungsgetränk, einem leichten Riesling, den Kopf in optimistischere Stimmung zu bringen. Wir greifen uns eine

Flasche, auf der »Wildsau« steht. Ökowein ist auch noch drauf vermerkt. Der Wein hat gerade mal 12 Prozent Alk. Es hätte nur noch gefehlt, dass man ihn auf Krankenschein bekommt.

Ich trinke und warte auf meinen revoltierenden Magen. Horche in mich hinein, nehme meine Umgebung nur noch verschwommen wahr, rieche am Glas, nehme einen vorsichtigen Schluck. Nichts passiert. Verdammt, was ist los? Ich bin ganz in mich hineinhorchend, alle Empfindungen sind seismographisch auf den Magen fokussiert. Nun probiere ich einen größeren Schluck. Nichts geschieht, außer dass der Duft mich schwach an Lindenblüten erinnert und trotz des grauen Tags in mir die Sonne zu scheinen beginnt. Sagt man nicht, dass Wein die eingefangene Sonne sei? Es ist so! Der Magen hält still, die Nase ist beglückt, und als die ersten Tropfen über die Zunge rollen, fühle ich mich zum Bäume-Ausreißen. Na ja, ich kann nicht behaupten, dass mich das erste Gläschen so weit zurückwirft, dass ich mich als Teenager zu fühlen beginne. Für einen ersten Anfang ist mein Glücksgefühl jedoch beachtlich. Übermütig gehe ich ans Fenster, öffne es weit, strecke meinen Hals Stuttgarts Dächern entgegen: »Heeh, ihr Schnarcher da unten! Eure Arzttermine könnt ihr canceln. Wer keinen Riesling verträgt, hat falsch eingekauft und gehört eigentlich mit einer Salzsäurekur bestraft. Heeh, ich vertrage wieder Riesling. Vincent is back!«

Es war ein denkwürdiger Tag, und es blieb nicht bei dem einen Einsteigerfläschchen der preiswerten Variante. Wenige Tage später packte ich meine Frau ins Auto, und wir tuckerten Richtung Rheingau. Ich war gut vorbereitet, hatte meinen Keller nach Rieslingen abgesucht, war fündig geworden und hatte mir immer wieder mal ein Fläschchen genehmigt. Die Gattin hatte mir nach Kräften geholfen. Bei ihr waren die gleichen Symptome zu beobachten. Auch sie bekam auf Riesling kein Sodbrennen mehr, das vor Jahren noch ihren »Künstlerstammtisch« beendet hatte.

»Künstlerstammtisch« nannte ich ihren allabendlichen Absacker mit Rieslingen des berühmten Weinguts Künstler aus Hochheim am Main. Dieser Ort ist unser erstes Ziel. Wir wollen an die guten alten Zeiten wieder anknüpfen und endlich mal genauer hingucken, was sich beispielsweise hinter dem Weinbergsnamen »Hochheimer Hölle« verbirgt. Ehrlich gesagt, die Hölle hatte ich mir anders vorgestellt. Es ist zwar höllenheiß hier, doch ein munteres Lüftchen streicht um die Ecke, wo sich der Main in den Rhein hineinkurvt. Könnte es sein, dass man nach einigen Flaschen des Nachts von wilden Träumen überrannt wird und vielleicht so seine Hölle erlebt?

Der Wein von diesen Rebzeilen hat in England einen Ruf wie Donnerhall. Queen Victoria war davon hin und weg. Ihr Ausruf: »Good Hoc keeps off the Doc« (Guter Hochheimer macht den Arzt überflüssig) ist heute der Stolz der Gemeinde. Die Gegend atmet Tradition, und so richtig kommt die Nostalgie in Gang, als wir unsere Expedition fortsetzen und bei Walluf, rechts oben am Hang, die berühmte Lage »Baiken« erspähen. Wir lassen es dabei bewenden und folgen der Straße hinab, direkt auf Väterchen Rhein zu. An Eltville geht's vorbei, und jetzt wird es Zeit, dass Meister Goethe mal wieder die Klappe aufreißt:

»Gut! Wenn ich wählen soll, so will ich Rheinwein haben. Das Vaterland verleiht die allerbesten Gaben.«

Zugegeben, so einen schlichten Reim hätte auch Stefan Raab zustande gebracht, aber gegen den Inhalt dieser Aussage kann man nicht protestieren. Eltville haben wir im Rückspiegel, und zwischen Erbach und Hattenheim, immer stramm am Rhein entlang, sehen wir viel deutschtümelnde Architektur, aus glorreichen Heldentagen. Man merkt, nicht weit von hier liegt irgendwo auf dem Grund des Flusses der Nibelungenschatz. Hier wurden schon immer gerne die guten alten Zeiten beschworen. Die Römer haben bereits ihr »Stöffche« gekeltert, und 779 wurde der erste Weinberg

Hyperventilierender Riesling

bei Walluf schriftlich beurkundet. Schon im Mittelalter hatte das Weingebiet ungefähr die gleiche Ausdehnung wie heute. Die Sonne brannte damals wie heute. Sie steht senkrecht über uns, und wir zuckeln zwischen Erbach und Hattenheim am feudalen Weinberg »Marcobrunn« vorbei. Jetzt geht es bergan und dann ins stille Tal des Klosters Eberbach. Aber Vorsicht! Die ganze Gegend ist Weltkulturerbe. Solche Stätten sind sonntags für Kontemplationssuchende wenig geeignet. Die ganze Anlage aber hat einen solchen historischen Groove, dass man alles dafür erduldet. Von diesem Kloster aus startete der Rheinwein seinen Siegeszug. Schon 1435 war hier vom Rieslingwein die Rede: »seczreben rießlingen in die wingarten«, hieß die Parole. An einer lindwurmlangen Mauer fahren wir alsbald wieder aus der Talöffnung ins gleißende Licht, das über dem glitzernden Rhein liegt, den man flimmernd, impressionistisch fern im Tal ahnt.

Hinter der Mauer liegt ein famoses Stück Land: der Weinberg »Steingarten«, der zum Kloster gehört und heute vom Hessischen Staatsweingut betrieben wird. Der Weingarten hat es buchstäblich in sich. In den hohen Mauern hält sich die Wärme, und die Trauben bekommen keinen Schnupfen, weil der Wind ausgesperrt ist. Überhaupt, das habe ich mir hinter die Ohren geschrieben: Wenn ein Weinberg – und hier hat es solcherlei viele – von einer hohen Mauer gesäumt wird, dann gilt es darin etwas zu schützen, was sich lohnt.

Irgendwie sind wir vom Weg abgekommen und mitten in den Weinzeilen. Zeit für eine kleine Rast. Zwei kleine Senfgläschen im Handschuhfach sind bei mir schon immer obligat. Nun wird ein Klosterwein gezwitschert, den wir in der Devotionalienstube der von Touristen okkupierten Einsiedelei gekauft haben – eine sehr gute Idee! Soll noch einer sagen, nach Riesling fände man keinen Schlaf. Eine Decke wird im Schatten eines Weinstocks ausgebreitet, und dann übernehmen schöne Träume die Regie.

Wenig später geht es im Schleichgang weiter. So richtig fahrtauglich bin ich noch nicht, irgendwie von Schläfrigkeit belullt. Über die landwirtschaftlichen Wege tuckernd schreit Elisabeth auf: »Ein Turm! Halte drauf zu! Das muss Schloss Vollrads sein.« Esoteriker und Diktatoren sprechen in solchen Momenten von Schicksal und Fügung. Genau dorthin wollten wir unbedingt. Die Vorsehung hat uns geleitet. Oder war es der Riesling des Klosters? Egal!

In diesen Mauern hatten wir als junge Leute, beziehungsweise blinde Hühner, die Ehre, vom damaligen Grafen – Gott habe ihn selig – zum Nächtigen aufgefordert zu werden.

So viel ist klar: Der Rheingau steht in einer langen, ehrenvollen Tradition, aber in den 1980er Jahren war alles ein wenig am Boden. »Halbtrocken« hieß die Devise, und man hatte Schwierigkeiten, die Fehlproduktionen unter die Leute zu bringen. Also, auf nach Amerika! Mit dem Grafen Erwein Matuschka Greiffenclau war ich bei den Cowboys unterwegs, um ihnen germanischen Flüssigzucker unterzujubeln. Die Amis gingen vor Ehrfurcht schier zu Boden, wenn ihnen Erwein, »The Count«, gegenübertrat. Selbst in Florida, bei glühender Hitze um die vierzig Grad, hatte der stattliche, schöne Mann seine Krawatte korrekt festgezurrt, parlierte im Goldknopfblazer. Er war ein wirklich netter Kerl, wir hatten uns sehr angefreundet. Ich war auf ihn überhaupt nicht neidisch, wenn er auch durch besonders alte Gene einfach besser aussah als ich im T-Shirt, schwitzend wie eine gebrühte Sau. Ob man's glaubt oder nicht, der Adel schwitzt nicht. Damals manövrierte der Rheingauriesling in seine schwerste Krise. Erwein kämpfte um Umsätze wie ein Löwe. Vergebens, das Schloss war ein Juwel, und Juwelen sind teuer. Er hatte die ganze Dachlandschaft frisch mit Schiefer decken lassen. Es handelte sich um eine Fläche, die sicher die Ausdehnung von acht Fußballplätzen hatte. Mit dem Cash Flow haperte es. Erwein, als Ehrenmann erzogen, hat sich mit Stil aus dem Leben begeben.

Nicht irgendwie, sondern mit Stil. Auf einer schönen Bank mit Blick auf die Latifundien griff er zum Fünfundvierziger-Revolver und ließ es krachen. Eine Tat im Namen der Ehre. Und immer wenn Ehre sich über die Vernunft und Menschlichkeit legt, gibt es Tote. Seine Schwierigkeiten kannte ich, aber mir wäre nie in den Sinn gekommen, dass man sich wegen ererbter Schulden und wegen des Schlendrians der Vorfahren vom Acker machen könnte. Ach Vollrads! Die Linden blühen, ein Filmteam dreht eine Soap. Elisabeth tippt auf »Sturm der Liebe«, der Lieblingsschmalz meiner Schwiegermutter. Für uns ist der Ort eine andere Welt, und die Kameras stören gewaltig. Der Ort ist heute noch eine Reise wert und der Wein sowieso. Trotzdem, es meldet sich Hunger, nichts wie runter ins Tal.

Wir kennen noch einen bemerkenswerten Charakterkopf im Rheingau. In Hattenheim werkelt ein gewisser Franz Keller. In seiner Adler-Wirtschaft herrscht die schiere Diktatur: Wer nicht genussfähig ist, der fliegt raus. Logischerweise sitzt man zwischen Leuten, zwischen denen man sehr gerne sitzt. Fast alle Zutaten kommen vom eigenen Bauernhof. Es werden sehr einfache Gerichte geboten, und das gehört zum Schwierigsten, was es in der Kochkunst gibt – vom Einfachen das Beste. Der Abend mündet in ein Karussell der Lust, ein Schmankerl nach dem anderen und dazu Riesling, Riesling, Riesling.

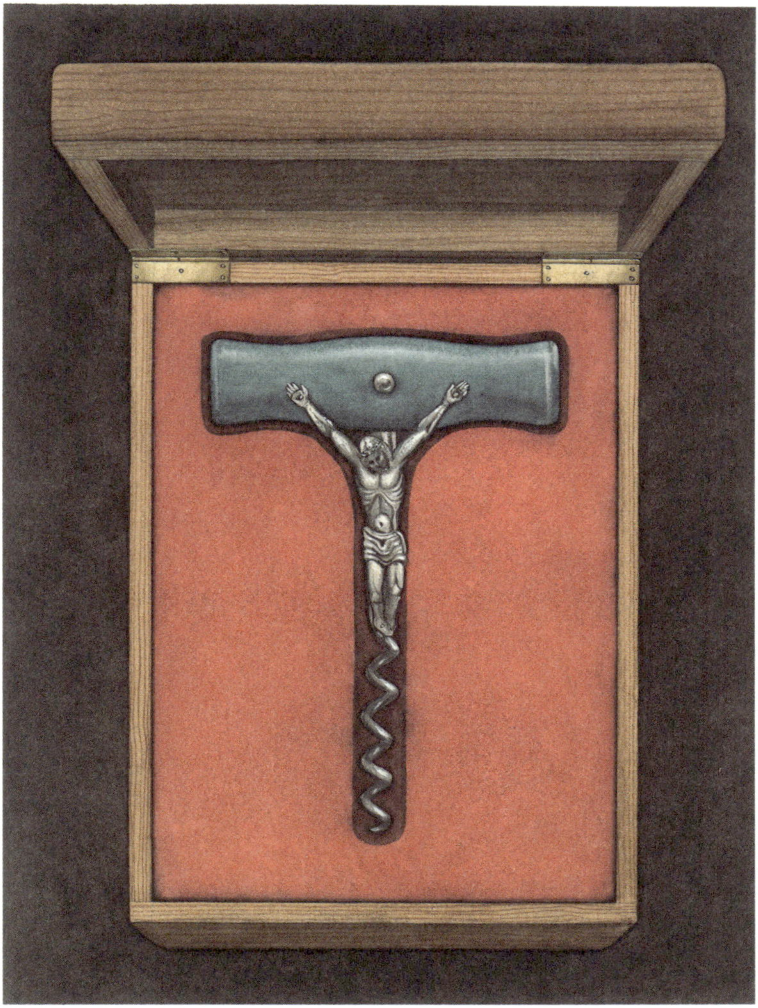

Weinquiz mit Händen und Füßen

Ein Experte bin ich nicht und will auch weder einer sein noch werden. Das Wort Experte ist für mich eindeutig konnotiert. Viel zu gut erinnere ich mich daran, wie meine Großmutter uns Kinder ansah, wenn wir mal wieder irgendwelchen Unsinn anstellten. »Na, ihr Experten«, sagte sie dann. So liebevoll ihre Stimme war: Der milde Spott über uns Dämlacks und Dölmer drang doch durch, und genauso verstehe und verwende ich das Wort Experte bis heute.

Deshalb staunte ich nicht schlecht, als ich ein »Experten-Quiz Wein« in der Hand hielt, das mir »Spiel, Spannung, Wissen« versprach. Aber so ist das: Wenn man sich in ein Thema vertieft, fliegt einem sukzessive alles zu, das auch nur mittelbar damit zu tun hat. Die Wahrnehmung ist geschärft, der Blickwinkel justiert. Und offenbar wirkt die Konzentration des Geistes auch physikalisch und zieht alles, was für den Gegenstand der Konzentration von Belang sein könnte, magnetisch an. So kam das Wein-Quiz zu mir; hurtig legte ich mir die erste Frage vor:

Wie heißt die Schicht aus Traubenschalen und anderen Feststoffen, die bei der Rotweinherstellung im Fass direkt unter der Oberfläche schwimmt?
a Tresterkappe b Tresterhut c Trestermütze d Tresterkopf

Alle Antworten hatten etwas für sich. Ein Tresterkopf hatte mich einmal angesprochen, ein sehr schnapstrunkener Mann; dass der nachts in Rotweinfässern unter der Oberfläche herumschwamm und nachtankte, war leicht vorstellbar. Tresterkappen und Trestermützen gab es sicherlich im Wald, bei den anderen Pilzen. Wo Platz ist für den Wulstling, den Milchling, den Saftling, den Krempling, den Tintling, den Blaugestiefelten Schleimkopf und die schlichte, bescheidene Rotkappe, da genießen auch die Trestermütze und die Tresterkappe Asyl. Die sachlich korrekte Antwort lautete Tresterhut. Warum denn auch nicht? Es spielt ja gar keine Rolle. Die nächste Frage lautete:

Wie heißen die Knospen des Rebstocks?
a Augen b Nasen c Arme d Beine

Was sollte man dazu sagen? War das nicht Jacke wie Hose? Wenn ein Rebstock Augen, Nasen, Arme und Beine haben konnte, warum dann nicht auch Hände und Füße? Finger und Zehen? Ähnelt ein zarter kleiner Zeh nicht einer Knospe? Nein? Egal, der Versuch zählt, Dabeisein ist alles. Dann hatte ich die richtige Antwort: Die Knospen des Rebstocks heißen wahlweise Ohren, Kniekehlen oder Armbeugen. Basta! Wer mault, kriegt null Punkte. Ich hoffte auf eine weitere bewusstseinserweiternde Aufgabe und hatte Glück:

Wo liegen die Adelaide Hills?
a Neuseeland b Kalifornien c Australien d Chile

»In Chile, in Chile«, dachte Kommissar Bärlach, der einen Verdacht nährte – nein, das war aus einem Buch von Friedrich Dürrenmatt, pardon, und die Antwort wäre an dieser Stelle auch falsch gewesen. Ich kannte die Adelaide Hills nicht und wollte ihnen keinerlei Beschränkung auferlegen, sie durften herumliegen, wo sie wollten, konnten auswandern oder frei umherstreifen. Vielleicht wollten sie Rumänien oder Alaska mit ihrer Anwesenheit beglücken? Beides hatte das Quiz nicht im Angebot. War das noch die freie Welt? Ich sparte mir die restlichen 147 Fragen und gab das müßige Spiel auf. Schließlich hatte die Beschäftigung mit Wein genügend Fragen offengelassen.

Warum bekommt man einen Eichenknüppel, wenn man einen Wein bestellt hat? Und wieso macht man Wein dann nicht direkt aus Holz? Ahornsirup wird Wein des Jahres, und Retsina wird als Klassiker teuer verkauft?

Weshalb regiert in der Welt des Weins der tödliche Diminutiv? Warum reden so viele Weintrinker von Fläschchen, Gläschen und Weinchen, von einem lecker Möselchen, rheinländisch sogar Möselschen? Wird Wein nur von Zwergen getrunken?

Wo sind die Sommeliers alter Schule abgeblieben? Gestandene Männer, von ihrem Beruf geprägt, die sich ihr Wissen über Wein ehrlich erarbeitet haben? Männer mit prächtigem Zinken, einem Mund wie ein Spundloch und einer gnubbeligen Physiognomie, zum Nachweis, dass ihr Besitzer tatsächlich Wein probierte im Dienste der Kundschaft, und zwar ausgiebig? Wo sind sie hin? Wurden sie alle schon ersetzt durch junge, sportive, fitte Sommeliers, die sich regalweise Weinwissen angelesen haben und reden können wie eine Winzerwerbebroschüre? Wein soll doch nicht beeindrucken, Wein soll schmecken! Ist es vertrauenerweckend, wenn ein Sommelier aussieht, als könne er genauso gut Computer oder Mobiltelefone verkaufen? Oder geht es auch im Weinglas nicht mehr um den Inhalt, sondern, im Gegenteil, um Content? Eine klassische Beschwerde lautete: Sie predigen Wasser und trinken Wein. Ist aber umgekehrt die Heuchelei nicht ungleich größer: Wein predigen und Wasser trinken?

Warum lobt man an manchen Weinen das Aroma von Sattelleder? Ich bin als Jugendlicher geritten und weiß noch, wie das roch: nicht nur nach

Leder, sondern auch nach Pferdeschweiß und Reiterpopo. Wo kann man solche Aromabomben bestellen? Bei Winzern, die nebenher eine Reitschule betreiben?

Weshalb gehen deutschsprachig aufgewachsene Menschen shoppen? Können die nicht einkaufen gehen? Oder, viel besonnener, auf einen Schoppen Wein?

Müssen Bergsteiger weinabstinent bleiben, weil die Flaschen zu schwer zum Mitschleppen sind? Nein, nicht mehr – es gibt mittlerweile Weinpulver für den Rucksack; einfach in Wasser auflösen, umrühren, und fertig

ist der Wein. Die Anbieter empfehlen ihn »für den besonderen Augenblick im abendlichen Camp« und preisen den »sehr fruchtigen Geschmack und 8,2 % Alkohol«, gestehen allerdings ein, dass ihr Gebräu »nicht vollwertig nach Wein schmeckt«. Dafür kann die Trekkingsorte Mensch die Ahoi-Brause für Volljährige stilecht zu sich nehmen – aus einem bruch- und brechfesten »Grand Canyon Weinglas«. Ob das Glück bringt am K2?

Gibt es eigentlich noch »Kröver Nacktarsch«? Und was macht der »Goldberyll« aus der »Torkellerei Neubrandenburg«, die eigentlich Torkelkellerei Neubrandenburg heißen müsste? Sind noch Restbestände da? Und wenn ja, welcher Weinexperte trinkt die?

Kommt Amarone eigentlich von Amore, oder schmeckt das nur so?

Ist Wein eine Designerdroge? Oder wieso werden traditionell eher leichte Weine, rote wie auch weiße, im Keller sonst auf 14 und mehr Prozent Alkohol hochgekocht? Damit der Weintester gleich beim ersten Schluck eine Geschmacksverstärkungsexplosion erlebt, die er dann auf der Punkteskala bejubeln kann? Werden diese Weine auch als chemische Keule von der Polizei eingesetzt?

Wie war das eigentlich genau mit Jesus? Wenn er tatsächlich Wasser in Wein verwandeln konnte, warum bekam er dann nicht den Nobelpreis? Oder ließ ihn ein Syndikat von Weinerzeugern beseitigen, weil er die Preise verdarb? Und können, was Jesus gelang, nicht andere wiederholen? Die Antwort zumindest auf diese Frage gab Wolfgang Ambros: »Mir geht es wie dem Jesus, nur hab' ich nicht die Klasse, / Denn ich verwandle nur den Wein in Wasser, das ich lasse.«

Eine Frage hat noch kein Weinexperte beantwortet: Muss man Wein eigentlich immer »genießen«? Oder darf man ihn auch einfach trinken?

Lebenswunsch

Immer ein Glas, das richtig gut schmeckt.
Dabei niemals blöde strunkelig sein.
Schön singen. Küssen! Dann wieder: Wein.
Und vom Leergut leben. Das wär perfekt.

Ein Weinschmecker

Der Winzer hatte mir seinen Weinberg gezeigt und erklärt, warum seine Weintrauben so klein waren und die im angrenzenden Weinberg so groß: Er verzichtete auf Stickstoffdüngung. Stickstoff lässt die Trauben Wasser ziehen, sie werden groß und prall, liefern entsprechend mehr Flüssigkeit, aber der Wein aus solchen Trauben ist eben auch eine wässrige Brühe. Klein und gehaltvoll müssen die Trauben sein, wenn man eine dichten, konzentrierten Wein machen will. Er erklärte es umfassender, aber so bewahrte ich es in meinem Kopf auf.

Die Luft war voll Geflatter, Gebrüll und Gekreisch. Ob die vielen Vögel ihm den Weinberg nicht ratzekahl fräßen, fragte ich den Winzer. Es gebe Möglichkeiten, Schaden abzuwenden, entgegnete er. Man könne beispielsweise bestimmte Kräuter säen, die solche Vogelarten anlockten, die ihrerseits gefiederte Weintraubenfresser in Schach hielten oder vertrieben. Ich fand das bemerkenswert klug und weise. Da half einer der Natur dabei, zu seinen Gunsten ihre Werke zu tun. So war das wohl einmal gedacht gewesen: Kenntnis, Erfahrung, Liebe zur Sache, harte Arbeit und Verzicht auf Maximierung genannte Gier brachten Gutes hervor. Wie gut das war, hatte ich schmecken können.

Der kleine Rundgang war beendet, wir verließen den Weinberg. Auf dem gegenüberliegenden Hügel drehten wir uns noch einmal um. Still lag der Weinberg, ein Inbild des Friedens. Am Bildrand gab es eine Bewegung; etwas Kleines, Rotbraunes und Buschiges huschte durch den Weinberg.

Ein Fuchs? Der Winzer bestätigte das. »Der kommt regelmäßig. Und er nimmt nur die besten Trauben. Die Wasserbomben interessieren den nicht.« Der Fuchs schnürte lässig durch die Rebstöcke, schnuffelte an den Trauben, und als er gefunden hatte, was ihm behagte, machte er sich an die Mahlzeit. Er legte sich auf den Rücken unter die Reben und fraß mit wonnigem Grinsen – er musste sich tatsächlich die besten, die süßesten Trauben ausgesucht haben. Ich kam mir vor wie in der Fabel, doch ich träumte nicht. Der Winzer stand neben mir, wir sahen es beide. Für ihn war es nichts Neues, aber in mir löste der Anblick des füchsischen Fein- und Weinschmeckers den Wunsch aus, mich auf der Stelle neben ihn zu legen und mitzufuttern. Daraus wäre aber nichts geworden, und so ließ ich Gevatter Fuchs in Frieden tafeln.

Ich halte nichts von Reinkarnation. Sollte ich aber durch irgendeine Laune des Weltgeistes jemals wiedergeboren werden, dann bitte als dieser Fuchs in diesem Weinberg.

Ein Mann sieht Rotwein

Weintrinkers Filmführer

Riesling, ich habe die Kinder geschrumpft
Zur Sache, Scheurebe!
Der Kerner war ihr Schicksal
Citizen Kerner
Nosferatu – die Sinfonie des Grauburgunders
Die Korken von Navarrone
Die Grünen Beeren (mit John Wein)
Deinhardt I–IV (mit Lambrusco Willis)
Vollrausch (von und mit Charles Chablis)
Manche mögen's weiß (von Pouilly Wilder)
Reben Hur (mit Chateau Heston)
Nur der Silvaner war Zeuge
Pierrot Le Fitou
Korken pflastern seinen Weg
Et Dieu créa Crémant
Der Name des Rosés
Fünf Flaschen bis Kairo
18 Flaschen bis zur Ewigkeit
In 80 Flaschen um die Welt
Der Fluch des Fendant
Die Veltliner (mit Kork Douglas)
Im tiefen Tal der Superwinzer (von Russ Meierlikör)

Der Wein, der zu viel wusste (von Alfred Hitchkork)
King Kork und die weiße Frau
Vom Winzer verweht (Gone with the Winzer)
Rom, offener Wein
Bitterer Riesling (mit Silvaner Magnum)
Raging Barolo (von Martin Sangiovese)
Panscherkreuzer Potemkin (von Sergej Weinstein)
Liebfrauenmilchstraße (von Luis Bruñuello)
Die Ferien des Monsieur Merlot (von Jacques Lafite)
Wenn die Gondeln Trauben tragen
Voll trieben es die alten »Römer«
Der Mann, den sie Kork nannten
Für eine Handvoll Schorle
Die drei Muskateller
Der Rosé Hai
Uzala, der Kirgiesling
Der Berg säuft (von und mit Louis Trinker)
Die freudlose Flasche
Ein Mann sieht Rotwein
Wein + Wein (von Un-Schluc Godard)
Zeugin der Hanglage
Die Faust in der Flasche (mit Marlon Branntwein)
Weine nicht, wenn der Regen fällt
Das Weinhaus in Montevideo
Weinstraße der Verdammten
Die zehn Gebinde
Die Weine von Dolores
Coole Plempe
Im Weißwein nichts Neues

Die Abenteuer der Reblaus Jakob (mit Pouilly-Fumé)
Hicks – Der Bruchpilot (mit Heinz Weinmann)
Rosé für den Staatsanwalt
The Plopp – Das Ding aus einem anderen Wein
Der Löwe im Winzer (mit Sean Pommery)
Wir Kellergeister
Fendant in alle Ewigkeit
Ruländer – es kann nur einen geben
Flasch Gordon
Die Einsamkeit des Langstreckensäufers
Retsinator I–III
Amselfelder der Ehre
2001 – Odyssee im Veltliner
Der Rotweinkorsar
Fahrstuhl zum Lafite
Deutschland, ein Sommerfläschchen (von Söhnlein Wortmann)
Das große Fässchen (mit Michel Piccolo)
Die vier Söhne der Frascati Elder (schon wieder mit John Wein)
Dr. Crippen an Bordeaux
Airportwein
Bonjour, Trester
Das Schweigen der Lemberger
Der Schaumwein der Tage
Möselchen-Report 1–10
Keller-Geister
No chianti for old men
Der Tod ist ein Jägermeister aus Deutschland
Letztes Jahr in Mariacron
Molkerei auf der Bounty

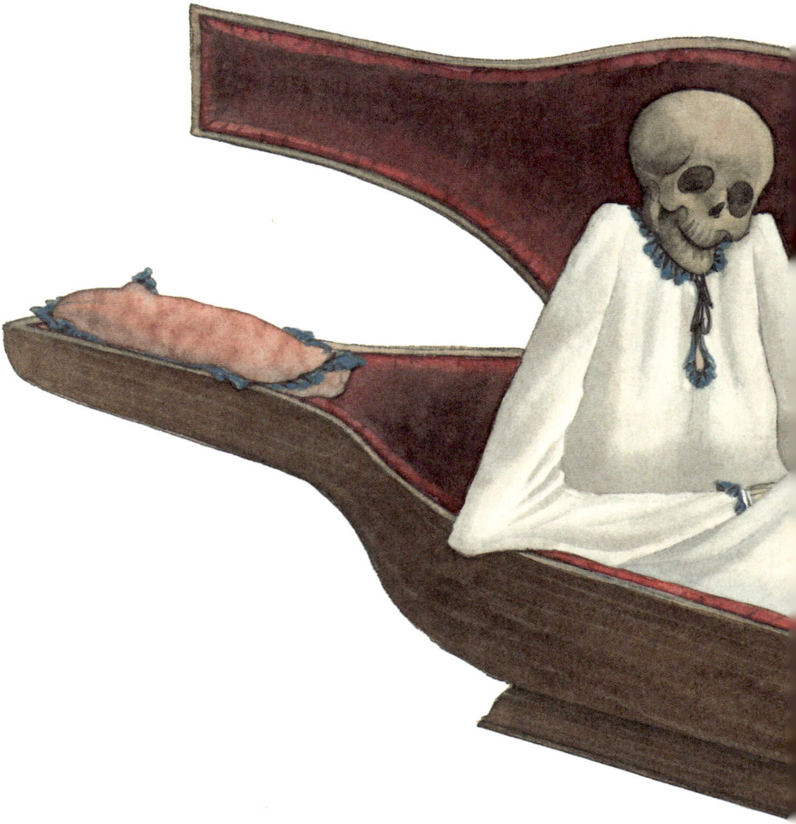

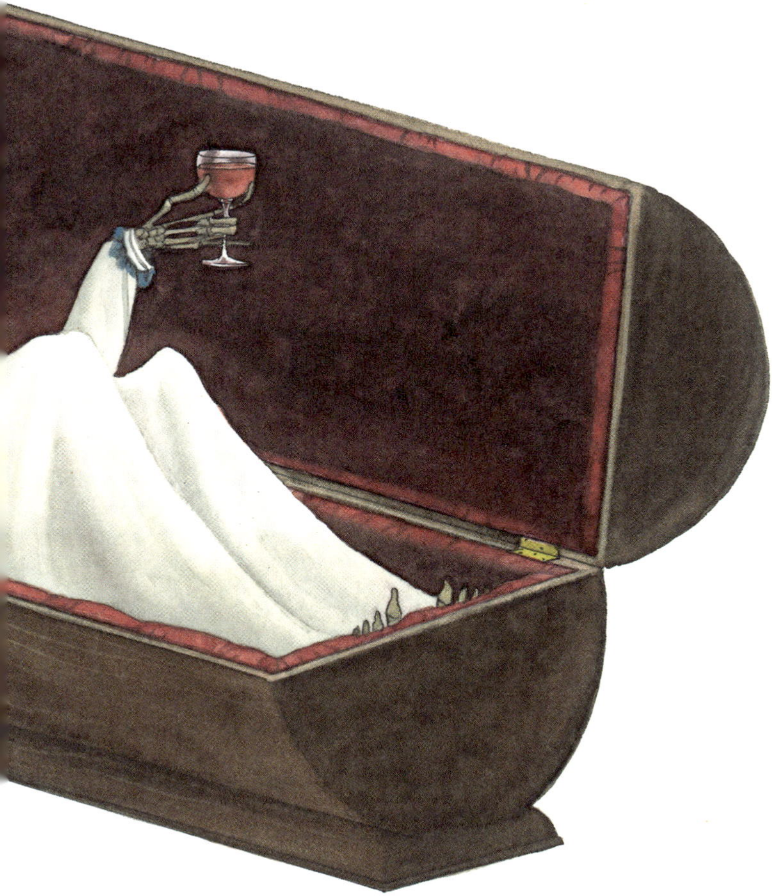

Letztes kleines Delirium

Wiglaf Droste
lebt unterwegs oder in Leipzig. 2003 wurde ihm für seine »Verbindung aus grobem Ton und feinem Stil« der Ben-Witter-Preis verliehen, 2005 der Annette-von-Droste-Hülshoff-Preis. Seit 1999 gibt er zusammen mit Vincent Klink die kulinarische Kampfschrift »Häuptling Eigener Herd« heraus.

Nikolaus Heidelbach
lebt in Köln. Seine Bilderbücher und Illustrationen wurden vielfach ausgezeichnet, u.a. mit dem Sonderpreis des Deutschen Jugendliteraturpreises 2000 und dem Großen Preis der Deutschen Akademie für Kinder- und Jugendliteratur 2007. Seine Ausgabe der Märchen der Brüder Grimm von 1995 wurde ebenso gefeiert wie die 2004 erschienene Ausgabe der Märchen von Hans Christian Andersen.

Vincent Klink
kocht in seinem mit einem Michelin-Stern geehrten Restaurant Wielandshöhe in Stuttgart-Degerloch und lässt sich im Fernsehen (»ARD-Buffet«, »Vincent Klinks Kochkunst«) in die Töpfe schauen. Er gab u.a. das kulinarische Jahrbuch »Rübe« bei Haffmans und Klett-Cotta's »Kulinarischen Almanach« heraus.

Besuchen Sie uns im Internet:
www.list-taschenbuch.de

Ungekürzte Ausgabe im List Taschenbuch
List ist ein Verlag der Ullstein Buchverlage GmbH, Berlin.
1. Auflage November 2010

Konzeption: semper smile Werbeagentur GmbH, München
Umschlaggestaltung: bürosüd° GmbH, München
Titelabbildung: © Nikolaus Heidelbach und Christine Sieber
Papier: Munkenprint von Arctic Paper Munkedals AB, Schweden
Druck und Bindearbeiten: CPI – Clausen & Bosse, Leck
Printed in Germany
ISBN 978-3-548-60879-2

Wiglaf Droste,
Nikolaus Heidelbach,
Vincent Klink
Wurst

vierfarbig. www.list-taschenbuch.de
ISBN 978-3-548-60840-2

Rezepte, Legenden, Genuss: Es geht um die Wurst. Sie ist die Legende unter den Lebensmitteln und in aller Munde. Höchste Zeit, ihr ein bisschen auf die Pelle zu rücken. Der Sterne-Koch Vincent Klink liefert die Sachkenntnis, der Satiriker Wiglaf Droste zeigt, dass ein wilder Pöbler auch mal ein sanfter Pökler sein kann, und der Illustrator Nikolaus Heidelbach porträtiert die rassige Chorizo mit ebenso liebevoller Hingabe wie die sanft geschwungene Blutwurst.

»Wer nach der Lektüre keinen Hunger hat, dem ist auf Erden nicht zu helfen.« *Die Welt*